BREST.

Son château, — Sa cité, — Son port, — Sa rade, — Position géographique, — Importance civile, militaire, commerciale, — Climat, — Maladies, — Origine de la population, — Organisation physique et morale des habitants, — Langue, — Costume ancien, — Vie intérieure, — Anciens usages, — Mœurs modernes, — Brest à l'époque de la grande Révolution, — Principaux événements de 1794, — Brest sous le premier Empire et sous la Restauration, — Brest et Recouvrance, — Pont sur la Penfeld, — Port de Portstrein, — Chemins de fer, — etc. etc.

Par DANIEL DE PROXY.

1857.

BREST,
LIBRAIRIE E. ALLÉGUEN,
SUCC. DE LE PONTOIS J[ne],
Rue St-Yves, 25.

RENNES,
Libr. VERDIER, r. Motte-Fablet.
DENIEL, rue Impériale.
THÉBAULT, place du Palais.

BREST.

SON PASSÉ, — SON PRÉSENT, — SON AVENIR.

INTRODUCTION.

Brest a été jusqu'à ce jour tenue trop en dehors de la France.

Trop peu de gens savent ce qu'elle est, ce qu'elle vaut, ce qu'elle peut devenir. Extrême frontière à l'ouest, Brest est rarement visitée par les touristes qu'épouvante à tort le climat de la Bretagne.

On s'est habitué depuis longues années, dans les Dictionnaires historiques et géographiques, à ne la présenter que comme une ville maritime inférieure à Toulon. Il est temps que cette erreur disparaisse et qu'on sache enfin à quoi s'en tenir sur cet arsenal qui compte à peine son égal au monde, sur cette rade qui n'a pas de rivale en Europe, sur cette cité enfin, vierge depuis 1512, de toute occupation étrangère, et qui est appelée, par sa situation, à jouer le premier rôle dans les affaires maritimes de la France, toutes les fois que l'Océan en sera le théâtre.

J'ai pensé qu'une ville comme Brest était assez importante pour qu'on en fît au moins l'histoire succincte, et j'ai cru qu'il pouvait m'appartenir aussi bien qu'à un autre de donner le tableau de ses différentes époques.

J'ai dû nécessairement, pour quelques parties de mon travail, consulter les auteurs qui se sont occupés de la Bretagne et spécialement du Finistère. Le Baud, don Morice, parmi les anciens; Ogée, Marteville, Varin, Dauvin, Souvestre, Dufilhol, parmi les modernes, m'ont fourni dans leurs ouvrages une foule de documents que je n'ai point hésité à leur emprunter.

Conséquemment, si ce livre se trouve par hasard avoir quelque valeur, il la devra autant à eux qu'à moi-même.

HISTOIRE DE BREST.

LETTRE I.

Avant de venir définitivement vous établir à Brest, vous désirez, mon ami, connaître mon pays natal.

Les détails que vous exigez m'auraient mis, il y a quelques mois, fort en peine, et, dans la crainte de vous induire en erreur, je vous aurais consciencieusement prié de vous adresser à un autre pour tous les renseignements que vous souhaitez avoir. Mais vous saviez, sans doute, que, depuis notre dernière entrevue, je m'occupais assidûment d'un travail sur les principales villes de l'ancienne Armorique; vous avez pensé que peut-être je n'oserais pas vous proposer de le lire, et, par un sentiment de louable charité, vous prévenez mes vœux en m'offrant spontanément le sacrifice de vos heures.

La pudeur, toutefois, me commande de ne point abuser de votre dévoûment. Avez-vous bien réfléchi à toutes les conséquences de votre démarche?

Songez qu'il vous faudra aller jusqu'à la dernière

page de mon œuvre pour faire religieusement le rôle de critique auquel vous vous condamnez.

Si vous avez compté sur ma discrétion, détrompez-vous; c'est un volume entier qu'il vous faudra subir, un volume, entendez-vous bien!

Ne regrettez-vous pas déjà de vous être follement avancé?...

Mais non; voici une nouvelle demande plus catégorique, plus pressante encore que la première. Décidément vous l'aurez voulu. Je ne suis pas plus scrupuleux qu'un autre après tout, et je vous prends au mot avec un empressement d'auteur.

Attendez-vous donc à trois lettres au moins par semaine. Vous ne serez pas tenu de me répondre exactement, c'est tout ce que je puis faire en votre faveur.

LETTRE II.

Quoi qu'en puissent dire les Dictionnaires historiques et géographiques anciens et modernes, Brest est, sans contredit, une des villes les plus importantes de la France.

Ce n'est certes pas une ville artistique. On n'y rencontre pas, comme dans les antiques cités du midi, des ruines pittoresques, des monuments qui attestent le génie architectural des générations qui s'y sont succédé; disons-le même, quelque regret qu'il nous en coûte, il n'y a guère chance qu'elle voie jamais éclore l'enthousiasme poétique qui sème les souvenirs pour les âges futurs; mais Brest a un château historique, Brest est le premier port de l'Océan français, Brest a marqué comme forteresse du duché de Bretagne, comme ville du royaume de France.

Il n'y a rien, dites-vous, qui signale cette cité. Détrompez-vous. Prenez Cambri, Souvestre, Fréminville, et vous trouverez dans leurs écrits une foule de détails intéressants à son endroit; lisez l'essai historique, statistique et topographique de Dauvin, et vous y puiserez des documents qui, à défaut d'autre mérite, ont du moins celui d'une scrupuleuse exactitude.

Je m'engage, d'ailleurs, à combler toutes les lacunes, non pas d'une manière minutieuse, — je n'ai aucun des éléments qui me seraient indispensables pour un travail de ce genre, — mais je crois sincèrement que si vous avez le courage d'aller jusqu'au dernier feuillet de mon livre, il ne vous restera plus rien d'essentiel à apprendre sur le pays que vous avez l'intention de venir habiter.

Je ne vous dirai pas le plan que je me suis tracé. A quoi bon vous effrayer par avance?

J'aime mieux dérouler un à un les anneaux de la chaîne que vous vous êtes imposée : vous pourrez ainsi vous nourrir d'illusions et vivre dans l'espérance que chacune de mes lettres sera enfin la dernière.

LETTRE III.

Origine de Brest, — Son premier nom, — Erreurs des auteurs en ce qui la concerne.

On ne saurait aujourd'hui révoquer en doute que Brest est l'antique Occismor, au même titre que Paris est l'antique Lutèce.

Il suffit de relire les descriptions de Cæsar, de Pomponius Mela, de Strabon, de Ptolémée, pour acquérir la certitude matérielle que le Brivates-Portus est bien le port de Brest.

Enfin, le Gæsocribates de l'itinéraire d'Antonin est évidemment le château primitif, qui seul resta debout au milieu des ruines d'Occismor, après que Flavus, consul et patrice de Rome, sous Théodose, eut détruit cette cité de fond en comble, pour venger l'assassinat commis par ses habitants sur Salomon, leur gouverneur et son gendre.

L'erreur de Le Baud, qui veut que Saint-Pol soit la première ville qui ait porté le nom d'Occismor; celle du père Labbe, qui l'attribue à Quimper; celle de Danville, qui le donne à Carhaix; celle d'Huet, enfin, qui croit avoir retrouvé dans la ville normande de Hiesmes la capitale des Occismiens, est aujourd'hui manifeste.

Ce mungulus, gueule de mer, goulet; ces terres qui se rapprochent et s'éloignent ensuite pour former ce grand étang, rade, qui se partage en plusieurs ports, est-il rien de plus précis et de plus clair?

Ces eaux de la rivière Caprelle, Penfeld, qui s'unissent à celles de la mer pour faire, au milieu de la ville, une station aux navires; cette terre qui s'étend par un bec, La Rose, jusqu'à l'autre rive du fleuve, en laissant néanmoins un passage suffisant pour que les nefs y entrent comme par huis et pour qu'elles n'y craignent plus ni les vents ni les flots, n'est-ce pas bien le port primitif?

Cette forteresse, enfin, qui domine un promontoire au-dessus de la rivière et faisant face aux grandes eaux, la mer, dans le pays des Légioneuses, Léonais, autrefois Occismiens, n'est-ce pas le château?

La confusion est donc née de ce que les historiens ont, tour à tour, donné à la vieille cité armoricaine le nom d'une de ses trois parties composantes, au lieu de n'en faire usage que pour désigner chacune d'elles.

Ainsi, Occismor, c'était la ville;

Brivates-Portus, c'était le port;

Gæsocribates, c'était la citadelle.

Le nom de Brest ne fut donné que plus tard à l'ensemble de la ville, du port et du château, par corruption du mot breton *Breis*, qui signifie Bretagne.

LETTRE IV.

Château de Brest, — Son antiquité relative. — Tour de César. — Indépendance de la Bretagne armoricaine. — Brest comptée au nombre des places fortes.

D'après certains auteurs, Labienus, au temps de J. César, pénétra avec une légion jusqu'à Quimper.

Il envoya des détachements parcourir l'Armorique, il la visita lui-même peu après, et trouvant à l'extrémité de la presqu'île un point militaire important, il le fortifia.

Selon d'autres chroniqueurs, à la suite de la mémorable bataille de Tours, Brutus, commandant la flotte romaine, descendit la Loire et mouilla avec ses vaisseaux dans la rade de Brest. Ses soldats fatigués refusèrent d'aller plus loin et s'établirent sur ses rivages.

C'est de cette époque que date la fameuse *tour* qui porte le nom du vainqueur des Gaules.

Nous n'essaierons pas de discuter entre ces opinions qui concordent toutes deux avec la tradition la plus généralement admise aujourd'hui, à savoir : que le premier point fortifié sur les rives de la Penfeld, le fut par les Romains.

On ne saurait, d'ailleurs, contester cette origine du château, car, en 1596, le comte de Rieux, seigneur de Sourdéac, ayant fait démolir une vieille tourelle de cette forteresse, trouva dans ses fondations une plaque en cuivre, portant d'un côté l'effigie de César et sur le revers ces mots : *Julii Cæsaris.*

D'autre part, la forme de la tour encore existante, ses dimensions, la manière dont elle est construite, le ciment particulier qui relie les pierres les unes aux autres, l'exiguité de ces pierres, tout démontre que la tradition est véridique.

Le château de Brest est donc bien de création romaine.

Quoi qu'il en soit, l'Armorique resta sous la domination de Rome jusqu'en l'an 410.

A cette époque, Conan-le-Grand, Mériadec, qui y gouvernait en leur nom, depuis plus de vingt ans, secoua le joug de Constantin le tyran, et se déclara souverain du pays.

416. — Un préfet du Prétoire des Gaules, Exuperantius, essaya de faire rentrer les Armoricains dans le devoir, mais il fut obligé de renoncer à les réduire, et, trois ans après, l'Empereur traita avec eux et les reconnut pour alliés.

Du ve au vi^e^ siècle, l'histoire fait à peine mention de la citadelle dont nous nous occupons. On lit cependant dans les chroniques qu'en 792, le jeune prince Méloir, fils de Méliau, comte de Cornouaille, trouva un refuge dans le château de Brest, après l'assassinat de son père par Rivod.

En 1064, Conan II, après avoir échappé aux embûches de son oncle Eudon, et s'être fait reconnaître duc de Bretagne, arma les côtes de l'Armorique. Le vieux fort romain ne lui paraissant plus offrir toutes les garanties désirables, il prescrivit à l'abbé de Saint-Méen de le réparer et de l'accroître.

Le château de Brest compta dès lors parmi les principales places du duché, et quand Alain de Dinan voulut assurer un abri à Arthur de Bretagne, en butte aux fureurs de Richard d'Angleterre, ce fut cette citadelle qu'il choisit comme la plus inexpugnable.

LETTRE V.

Brest en 1200. — Traité de Quimperlé. — Brest durant la querelle de Blois et de Montfort. — Première occupation de Brest par les Anglais.

Brest avait déjà, en 1200, une véritable importance militaire.

Les Anglais et les Espagnols la convoitaient. La Bretagne, de son côté, appréciait de quel intérêt il était pour elle que cette forteresse qui pouvait donner accès sur son territoire, ne tombât pas un jour dans leurs mains.

En conséquence, des émissaires du duc régnant s'abouchèrent avec les délégués d'Hervé, vicomte de Léon, à qui elle appartenait, et le 17 mai 1259 fut signé le traité de Quimperlé qui la cédait, en toute propriété, à Jean IV dit Le Roux, moyennant 1,200 livres de rente, selon les uns, au prix de 100 livres seulement, plus une haquenée blanche, d'après les autres.

On comprendrait difficilement la cession d'une place forte à pareil prix, si l'histoire ne faisait connaître que le traité de Quimperlé ne fut pas autre chose qu'une renonciation imposée par la force.

En 1341, et dans les années qui suivirent, le château de Brest prit une part active dans la querelle entre Blois et Montfort.

Il se déclara en faveur du premier de ces prétendants et résista, sous le commandement de Gauthier de Clisson, à deux assauts successifs.

Son gouverneur étant mort de ses blessures, à la suite d'une sortie, il capitula.

Le vainqueur en prit immédiatement possession et l'entoura d'une muraille dont on voit encore les restes aujourd'hui.

Quelques mois plus tard, Blois, victorieux à son tour, essaya d'enlever Brest à son rival, mais la comtesse Jeanne de Flandre était venue s'y enfermer avec ses trésors, sous la sauvegarde de Tanneguy Duchâtel qui déjoua tous les efforts des assiégeants.

En 1347, le château de Brest s'ouvrit enfin devant

Charles de Blois, mais ce fut pour le recevoir prisonnier dans ses murs, après la bataille de la Roche-Derrien.

La mort de Charles, en 1364, n'avait pas détruit les espérances de ses partisans. La France, d'ailleurs, visait ouvertement à s'emparer de la Bretagne.

Trop faible pour lui résister, Jean IV se ligua avec les Anglais et leur abandonna le château de Brest, à la charge par eux de le défendre et de le lui remettre à la paix, moyennant certaines conditions qui furent formellement stipulées entre les deux parties contractantes.

Un souverain n'aliéne pas impunément une partie de son territoire. L'orgueil national se blesse de pareilles démarches. Ce traité de 1375 fut donc mal accueilli des seigneurs bretons, et la plupart allèrent se ranger sous les drapeaux français.

Duguesclin et Ollivier de Clisson, ennemis personnels du duc, jugeant le moment favorable, s'avancèrent sur Brest, dans l'espérance de l'emporter, mais Robert Knoles en avait déjà pris possession au nom de l'Angleterre; la place était pourvue d'une garnison nombreuse, elle était bien approvisionnée. Duguesclin et Clisson, convaincus de leur impuissance, se retirèrent après un simulacre d'attaque, tentée plutôt pour sauvegarder leur honneur militaire, que dans l'expectative d'un succès.

Brest resta sous le drapeau de la Grande-Bretagne jusqu'en 1376. Edouard III étant mort, son successeur ne voulut pas signaler son avénement à la couronne par un acte déloyal, et cette forteresse fut rendue à son possesseur légitime.

LETTRE VI.

Antipathie des Bretons pour Jean IV. — Révolte des seigneurs. — Deuxième occupation de Brest par les Anglais. — Rétrocession au Duc. — Brest livrée à Charles VIII. — Révolte de Rieux.

Tout semblait promettre au dehors une paix durable. Mais Jean IV était peu en faveur auprès des Bretons.

La défiance qu'il leur montrait et que justifiaient peut-être leur froideur et leur indifférence allait croissant de jour en jour.

Là où les froissements sont journaliers entre les grands vassaux et leur souverain, la révolte est imminente.

Les seigneurs de Rohan, de Laval et de Beaumanoir ne pardonnaient pas au duc son alliance avec la Grande-Bretagne; cédant donc aux sollicitations intéressées de la France, ils vinrent tout-à-coup, à la tête d'une armée fournie par elle, investir le château de Brest presque sans défense. Mais Jean IV, informé à temps, put voler au secours de la place et les contraignit honteusement à se retirer.

Après cet acte de rébellion ouverte, il n'était plus

permis au duc de douter des dangers qui le menaçaient. L'Angleterre, d'ailleurs, n'épargnait rien pour accroître ses alarmes et pour le décider à une nouvelle alliance qu'elle s'efforçait de lui montrer comme le seul moyen de conserver sa couronne.

Le duc hésita long-temps. Convaincu enfin de son impuissance, il céda à la nécessité.

Le 15 juin 1578, les Anglais, sous les ordres de Thomas Percy, prirent, pour la deuxième fois, possession du château fort de Brest.

Clisson vint inutilement l'attaquer la même année.

Trois ans après, Duguesclin et le sire de Malestroit échouèrent à leur tour devant cette citadelle, à la tête d'une armée de 10,000 hommes.

En 1582, une nouvelle attaque des Franco-Bretons ne fut pas plus heureuse.

Enfin, en 1586, Brest assiégée pour la quatrième fois, depuis la reprise des hostilités, fit échouer tous les efforts de la France.

— La paix venait d'être signée. Le traité qui liait Jean IV à l'Angleterre n'avait plus de raison d'être. Ce ne fut cependant qu'après de longues négociations que Richard II consentit à remettre Brest aux délégués de la Bretagne.

Enfin Jean Drax, son sergent d'armes, en fit la restitution à l'évêque de Léon, au sire de Montauban et à l'amiral Etienne Guyon, moyennant 120,000 écus d'or, qui furent versés aux mains de Guillaume Lestrop.

— Cent ans plus tard, sous le règne de François II, la Bretagne avait perdu la bataille de Saint-Aubin-du-

Cormier; le roi de France s'était emparé de la plupart de ses places fortes, Brest restait encore au duc et refusait de se soumettre.

Depuis deux ans, elle avait résisté à toutes les tentatives et demeurait inébranlable dans sa fidélité. Un traître, le vicomte de Rohan, s'introduisit dans ses murs et la livra à Charles VIII.

— Pour mettre un terme aux sanglants démêlés qui duraient depuis plus d'un siècle, la duchesse Anne, successeur de François II, avait consenti à s'unir par mariage au roi de France.

La Bretagne, bien qu'elle eût conservé, en apparence, tous ses priviléges d'Etat indépendant, n'était plus, en réalité, qu'une province du royaume de Charles VIII, mais elle pouvait espérer du moins que les troubles intérieurs qui l'avaient agitée si long-temps ne se renouvelleraient plus.

Cependant l'esprit de rébellion n'était pas éteint chez les grands seigneurs du duché. A peine cette union commandée par la raison d'Etat était-elle conclue, que l'un des plus puissants, le comte de Rieux, osa tenter d'enlever Brest, à la tête d'une flotte de soixante vaisseaux. Mais dès que les marins qui servaient sous ses ordres ne purent plus douter de ses ambitieux desseins, ils s'affranchirent de toute obéissance, et quand l'amiral Grasville, envoyé par la France au secours du château, se présenta pour combattre, il ne trouva plus qu'un général sans armée.

LETTRE VII.

Brest attaquée par les Anglais. — Combat du commandant Portsmoguer (Primauguet). — Défaite de l'escadre anglaise par l'amiral Prigent de Coativy. — Défaite des ligueurs par Sourdéac. — Défaite des Espagnols. — Brest sauvée par Vauban au Pouldu.

Depuis la fin du xve siècle jusqu'en l'année 1512, l'histoire ne mentionne plus aucun fait militaire auquel le château de Brest ait pris part. Dans cette année, la guerre s'étant rallumée entre la France et la Grande-Bretagne, quarante-deux vaisseaux partirent des ports d'Angleterre, avec ordre de s'emparer de la division navale qui armait à Brest, de la brûler, de combler le port, et surtout de s'emparer de la citadelle.

Il y avait peu de chances de pouvoir lutter contre des forces si imposantes. Cependant, le capitaine breton Portsmoguer ne perdit pas courage. Dès que les ennemis parurent, il alla résolument au-devant d'eux.

Le combat fut terrible; Portsmoguer, qui commandait le vaisseau de 100 canons la *Cordelière*, n'avait pour le seconder qu'une vingtaine de navires légers. Il lutta néanmoins durant plusieurs heures ; désespérant enfin de la victoire, et menacé de périr avec tous les siens dans l'incendie qui venait d'éclater à son bord, il accrocha l'amiral anglais et sauta avec lui.

Les vainqueurs, après avoir brûlé et détruit tout ce qu'ils avaient pu atteindre, avaient à peine réparé leurs avaries quand la flotte française fut signalée.

Arrivée trop tard pour soutenir l'escadre bretonne, elle eut du moins la gloire de la venger. Les Anglais perdirent cette deuxième bataille. L'amiral Prigent de Coativy força leurs vaisseaux mutilés à s'enfuir à la hâte.

En 1512, le château de Brest fut assiégé par six mille ligueurs. Sourdéac, qui commandait la place, fit une sortie, les surprit dans leurs camps, les tailla en pièces, et ne leur accorda une trève de huit années qu'au prix d'une somme de 60,000 écus.

Quatre ans après, don Diégo Brochéro, appelé par Mercœur tenant de la Ligue en Bretagne, mouilla avec une flotte espagnole daus la rivière du Blavet, et mit à terre don Juan d'Aquila et don Praxède, avec cinq mille hommes d'infanterie, cent vingt cavaliers et deux pièces de canon.

Don Praxède marcha sur Brest, s'empara de la presqu'île de Quélern, et y construisit un fort destiné à protéger le mouillage prochain de la flotte.

Ce fort fut attaqué par les Bretons et les Anglais réunis, sous le commandement de Sourdéac. Il tomba en leur pouvoir après trois assauts successifs et sanglants ; mais la France y perdit le baron de Molac,

Bertrand de Rosmadec, La Tremblaye, Kerjan, Trémaria, Romégou, de Kerallain, seigneurs bretons de haute renommée. L'Angleterre y vit mourir le célèbre marin Forbisher; les Espagnols, don Praxède.

— En 1597, une nouvelle flotte espagnole se présenta devant Brest. Forcée, par la tempête, de chercher un abri, elle mouilla imprudemment sur la rade du Conquet et y périt presque tout entière.

— En 1694, une escadre anglo-hollandaise de vingt-cinq vaisseaux, portant dix mille hommes de débarquement, sous les ordres de lord Barkley, menaçait de renouveler les désastres de 1512. Vauban, alors à Brest, surprit l'ennemi dans l'anse du Pouldu, et, secondé par le marquis de Langeron et Benoisse, son frère d'armes, le força à fuir vers ses vaisseaux.

La mer s'était retirée pendant le combat. Les chaloupes étaient à sec sur le rivage, et les Anglo-Hollandais, dans l'impossibilité de se rembarquer, furent massacrés pour la plupart.

Les femmes bretonnes de la côte se signalèrent, dans cette sanglante journée, par une intrépidité sans égale.

Le général anglais Talmach périt dans la mêlée.

— Tels sont, à bien peu près, les fastes militaires de notre vieille citadelle.

Vous ne m'accuserez pas, je l'espère, de m'être trop long-temps appesanti sur des faits qui ont, après tout, leur importance.

Sans vouloir faire preuve d'une érudition de collége, j'ai cru qu'il convenait de ne pas mettre en oubli des événements qui appartiennent à l'histoire. Le château, songez-y bien, a été tout Brest pendant cette longue période entre le IVe et le XVIe siècle. La cité n'existait pas encore, le port n'était qu'une rivière sans profondeur, à peine navigable, excepté à l'ouverture évasée qui formait son embouchure ; la rade, isolée aux confins de l'Atlantique, inexploitée, malgré sa magnificence, semblait une richesse perdue aux abords de l'Océan.

Vous verrez bientôt comment le génie relia ces quatre parties distinctes pour en faire un des points les plus importants du royaume.

Permettez-moi, cependant, de ne pas abandonner le château sans lui dire un dernier adieu. Vous ne le connaissez pas d'ailleurs, et il y aurait plus que de la négligence à ne pas vous en donner au moins une esquisse.

Rassurez-vous, je n'abuserai pas du style descriptif. Je ne vous conterai ni la légende de la princesse Azénor, ni celle du spectre à deux têtes.

Je n'oublie pas que je parle à un homme sérieux.

LETTRE VIII.

Description du château, — Ses tours, — Son donjon, — Ses souterrains, — Ses portes, — Sa place d'armes, — Sa chapelle, — Ses fossés, — Ses poternes.

Le château de Brest ne fut d'abord qu'une simple citadelle isolée sur un promontoire.

Une colonie romaine le fonda (516);

Conan II l'agrandit (1064);

Jean IV l'entoura d'une ceinture de murailles (1541);

Les Anglais l'augmentèrent d'une tour et d'un bastion (1584);

Charles de Combout l'accrut encore (1558);

Sourdéac le rendit inaccessible du côté de la rivière (1595);

Enfin, Vauban le répara (1681).

Tel qu'il est aujourd'hui, il a la forme d'un trapèze.

Ses cinq tours extérieures sont liées entre elles par des courtines et par un chemin de ronde. Elles sont couronnées de plates-formes.

Ces cinq tours sont :

1° La tour d'Azénor, qui précède à l'est le bastion Sourdéac;

2° A l'angle occidental, la tour de Brest ;

3° Plus loin, à la partie la plus étroite du Trapèze, la tour de César;

4° A l'angle le plus sud, la tour de la Madelaine;

5° Enfin, la tour des Anglais, reliée à la précédente par le mur d'enceinte.

Entre le bastion Sourdéac et la tour d'Azénor se voit le donjon qui s'isolait à volonté de la forteresse.

C'est un parallélogramme ayant une tour à chaque extrémité. Là sont les appartements qu'habitaient les anciens gouverneurs.

On y voit encore la salle d'honneur, la chapelle particulière des ducs, pratiquée dans l'épaisseur de la muraille, la chambre où fut détenu Charles de Blois, après la bataille de la Roche-Derrien, la salle à manger et les cuisines seigneuriales, ainsi qu'une multitude de corridors étroits et sombres qui reliaient entre elles les diverses parties du bâtiment.

Sous le donjon sont des souterrains effrayants. L'un d'eux conduit, par un passage incliné, aux Oubliettes, gouffre profond dont une pierre plate glissant dans une coulisse fermait l'unique ouverture.

Le donjon est aujourd'hui fort délabré, quoiqu'il ait été réparé sous Louis XIV.

La plus grande partie, au moins pour sa distribution, paraît dater du XVe siècle. Les fenêtres portent évidemment l'empreinte de cette époque. Cependant, des portions de murailles, d'un appareil très-grossier, semblent remonter même au-delà du XIIe siècle.

La porte principale du château regarde l'est; elle est

flanquée de deux tourelles qui logeaient autrefois une partie de l'ancienne garnison féodale, et qui servent aujourd'hui de prisons.

Après avoir franchi cette porte, précédée d'un ravelin casematé datant du XVIe siècle, on se trouve sur l'ancienne place d'armes du château, où il ne reste plus que le pavillon de l'Horloge de tous les édifices contenus autrefois dans l'intérieur de la forteresse : des casernes modernes et les magasins de l'artillerie de terre ont remplacé les anciens bâtiments.

En allant vers la porte qui donne issue du côté du port, sur la gauche, près du mur d'enceinte, se voyait encore, en 1820, les restes de la première chapelle construite à Brest.

C'est dans cette chapelle que furent déposés les restes de Gauthier de Clisson.

L'ancien château de Brest, au XVe siècle, pouvait recevoir quinze à dix-huit cents hommes de garnison.

Il était entouré de fossés profonds à l'est et au nord, et défendu par la rivière et la mer du côté du sud et de l'ouest.

Il comptait cinq poternes.

Chacune de ses portes principales, est et ouest, avait son pont-levis et sa herse.

Ce n'est plus aujourd'hui qu'une forteresse démantelée, qu'un monument du moyen-âge, dont l'importance militaire est allée décroissant, d'année en année, à mesure que se sont élevés les ouvrages protecteurs de la ville et du port.

Ses fossés sont en partie comblés; ses ponts-levis, ses

herses n'existent plus; ses poternes sont murées depuis des siècles.

Comme ces guerriers à qui l'âge a enlevé leurs forces, le château de Brest n'est plus qu'un imposant souvenir.

LETTRE IX.

Si je n'avais pas craint, mon cher ami, d'abuser de votre bienveillance, j'aurais pu multiplier les détails sur le château de Brest, vous décrire minutieusement les anciens édifices aujourd'hui disparus, vous faire le tableau plus ou moins pittoresque de la réception officielle qui était faite aux ducs de Bretagne dans cette forteresse, vous raconter les fêtes et les tournois qui s'y donnèrent; j'aurais pu consacrer au moins une ou deux lettres à vous faire, avec Le Blois, l'énumération des innombrables gouverneurs qui y commandèrent, tour à tour, pour la Bretagne, pour l'Angleterre et pour la France; j'aurais enfin pu, fouillant dans les vieilles chroniques, vous apprendre de quelle autorité, parfois étrange, étaient armés les délégués de ces cours souveraines qui, de ce nid d'aigles, comme l'appelle dom Morice, planaient sur toute la contrée de Léon; mais ce que j'aurais pu vous dire est déjà écrit dans une foule d'ouvrages qui se sont copiés sans scrupule, et que j'aurais été forcé de copier à mon tour. En faisant preuve d'une érudition plus grande en apparence, je vous aurais vraisemblablement ennuyé davantage.

Sachez-moi donc gré de ma sobriété.

Je vous demande pour récompense de vous armer de courage, et de continuer aux lettres qui vont suivre le bon accueil que vous avez fait à celles qui les ont précédées.

BREST-CITÉ.

LETTRE X.

A quelle date remonte Brest-Cité. — Première enceinte. — Fondation de l'église des Carmes. — Murailles de Vauban. — Transfert de la justice royale de Saint-Renan à Brest.

La cité de Brest ne date, à proprement parler, que du XVIe siècle. En 1064, Conan II appela, il est vrai, sur les rives de la Penfeld, une colonie d'ouvriers auxquels il érigea une chapelle et qui s'établirent à demeure, mais il ne leur octroya aucun privilége que celui de se réfugier dans le château, en cas de guerre.

Trois siècles après, sous Jean de Montfort, la bourgade de pêcheurs et d'artisans qui entourait la forteresse était encore soumise à la juridiction absolue et exclusive de son gouverneur pour les faits militaires, elle dépandait de Lambezellec pour la justice civile.

Les derniers Valois furent les premiers princes dont elle attira l'attention bienveillante et qui songèrent à la doter de quelques institutions libérales.

L'histoire n'a pas mentionné les concessions particulières que lui fit Henri II, mais on sait qu'en 1550, Brest fut comptée au nombre des villes du royaume.

Charles IX ratifia toutes les dispositions qu'avaient prises ses prédécesseurs; Henri IV, en reconnaissance de la fidélité des Brestois et de leur dévoûment à sa cause, leur accorda le droit de bourgeoisie et leur permit de se choisir un maire et deux échevins.

De ce moment, la cité fut constituée. Le nombre de ses feux s'accrut de jour en jour.

La population était déjà assez considérable en 1651, pour que la chapelle du château et celle des Sept-Saints, construite en 1640, par ordre de Louis XIII, ne pussent plus suffire.

C'est de cette époque que date l'établissement des Carmes déchaussés.

Ces religieux furent autorisés à fonder à Brest un établissement de leur ordre, à la condition expresse d'y annexer une église publique.

En 1680, l'enceinte de Jean de Montfort était, depuis long-temps, dépassée. Vauban proposa à Louis XIV de ne plus considérer Sainte-Catherine (Recouvrance) et Brest que comme une seule et même ville et de l'entourer de nouvelles murailles.

L'importance qu'allait prendre le port de Brest ne permettait pas d'hésiter. Le roi approuva donc les plans qui lui avaient été soumis, et en 1681, la ville vit commencer les fortifications qui ont subsisté exclusivement jusqu'en 1772.

La même année, Louis XIV établit à Brest la justice royale qui avait jusque là siégé à Saint-Renan.

LETTRE XI.

Etendue de Brest en 1600. — Assainissement. — Premiers édifices publics. — Mairie constituée. — Nouvelles rues. — Nouveaux marchés. — Nouvelles fontaines. — Institution primaire pour les classes pauvres. — Nouveaux édifices publics. — Nouvelles fortifications.

Quoi qu'il en soit, Brest n'était encore, au commencement du XVIIe siècle, qu'une ville fort peu considérable.

Elle ne se composait, en effet, sur la rive gauche, que des rues :

Neuves des Sept-Saints,
Haute et Basse des Sept-Saints,
Charronnière,
Du Petit-Moulin,
Ornou
Et Basse de Saint-Yves.

Elle était ainsi comprise entre le quai Tourville et l'alignement de la rue de Traverse, de l'est à l'ouest, et l'alignement de la rue Royale et de la rue du Château, qui n'existaient pas encore du nord au sud.

Le long du quai Tourville, étaient quatre grands bâtiments servant de magasins, et au bas de la grande rue actuelle, vis-à-vis le point où se trouve, à présent, la grille de l'arsenal, un hôtel composé d'un corps de logis et de deux ailes qu'on appelait la maison du Roi.

La porte principale de Brest était voisine de l'église des Carmes. Ses remparts n'avaient pas un canon.

Les maisons étaient entassées sans ordre, bordant des voies étroites, obscures et fangeuses.

A peine y comptait-on un seul établissement d'utilité publique en dehors du marché, sur le carrefour Ornou, et de quelques moulins communaux.

De 1682 à 1692, tout s'y modifia de la manière la plus avantageuse : la cité commença à s'assainir, grâce au réglement de police générale mis en vigueur en 1685.

Les travaux du port, en employant un grand nombre d'habitants, répandirent parmi eux une aisance relative.

Deux hôpitaux généraux s'ouvrirent : l'un sur la rive droite, l'autre à Recouvrance.

Une nouvelle église fut commencée en 1692, et la ville fut autorisée à percevoir un impôt de quarante sols par barrique de vin pour subvenir à la dépense de cet édifice religieux.

En 1695, Brest eut, pour la première fois, un maire nommé à vie : ce fut Jacques Lars, seigneur de Poulrinou.

De nouvelles rues furent ouvertes, plus vastes que les voies anciennes ; un alignement régulier fut prescrit pour les maisons à construire.

Des marchés nouveaux furent établis.

L'eau manquait à la population, qui se pressait autour des fontaines :

De Loc-Horc,

Du Bois-d'Amour,

De la Pie

Et du Château.

Quatre nouveaux réservoirs furent établis en 1759 :

Le premier, sur la place de Médisance ;

Le second, dans la rue de Siam ;

Le troisième, à l'angle ouest du Champ-de-Bataille ;

Le quatrième, enfin, au bas de la rue des Carmes.

Les écoles faisaient défaut ; l'instruction la plus élémentaire manquait aux enfants du peuple. Jehan Duhamet, lieutenant de vaisseau, consacra tous ses biens mobiliers à la fondation d'une institution primaire, sous la direction des frères de Saint-Yon.

Cependant, une foule d'artisans, de marchands, d'employés, d'officiers de toutes armes, d'ingénieurs, s'étaient établis à Brest avec leurs familles.

La population se trouvait, conséquemment, chaque jour plus à l'étroit. Les églises étaient encombrées les jours de fêtes ; la garnison, déjà nombreuse, s'entassait dans des casernes provisoires manquant d'air et d'espace.

La ville n'avait pas une promenade, pas un lieu de réunion.

Il convenait de se préoccuper des inconvénients, des dangers qui devaient être infailliblement la conséquence de ce fâcheux état de choses.

La municipalité, la marine, la guerre unirent leurs efforts, et, de 1747 à 1790, on vit successivement :

1750. — Une nouvelle église, celle de Saint-Sauveur, s'ouvrir à Recouvrance.

1752. — Une académie de marine se fonder.

1765. — Un théâtre se construire.

Les casernes de la marine, commencées en 1752, s'achever en 1767.

Le cours fut planté sous la direction de l'ingénieur d'Ajot; Brest s'élargit et s'entoura de nouvelles fortifications sur les plans du général Filey, en 1772.

1774.—Une nouvelle caserne s'édifia sur la rive droite.

Id. Enfin, les cimetières de Brest et de Recouvrance furent transférés en dehors de leurs murs.

LETTRE XII.

Insalubrité. — Epidémies. — Incendies. — Population aux différentes époques.

Avant 1685, le gouvernement n'avait encore pris aucune mesure pour sauvegarder les habitants de tous les maux qui pouvaient les atteindre : aussi les maladies faisaient-elles journellement de nombreuses victimes.

A peine Vauban avait-il terminé les nouvelles fortifications prescrites par Louis XIV, qu'une affection pestilentielle éclata dans la cité et causa la mort du dixième de ses habitants (1685).

Ce typhus, qui pesa sur eux durant plus d'une année, ne leur fut point une leçon suffisante.

La ville continua à rester infecte et boueuse, comme par le passé, dans ses bas quartiers, et quand, en 1759, l'escadre de l'amiral Dubois de La Mothe, revenant du Canada, jeta l'ancre dans la rade, la maladie contagieuse qu'il apportait sur ses vaisseaux, en se développant d'une manière effrayante, enleva les deux tiers de la population.

Corrigée enfin, Brest se soumit aux exigences d'une hygiène raisonnée. Au lieu de s'opiniâtrer à s'entasser dans des rues obscures et sinueuses, elle s'éparpilla sur une plus grande surface, franchit les restes de ses anciennes murailles, et alla commencer les nouvelles voies qui existent aujourd'hui.

Dès ce moment, les fièvres graves qui naissaient chaque année au printemps et à l'automne disparurent peu à peu, et si, au retour de la flotte de d'Orvilliers, après le combat de Ouessant (1776), si, à la rentrée de Villaret-Joyeuse, après les sanglantes batailles de prairial (1794), on vit se renouveler dans la cité ces pestilences qui avaient décimé la population à une autre époque, on ne put plus les attribuer aux mêmes causes locales qui avaient déterminé et entretenu les précédentes.

Dans une ville resserrée comme l'était Brest à ses débuts, l'incendie avait, pour ainsi dire, droit de domicile.

Une partie de la rue Charronnière fut brûlée en 1558;

En 1665, la maison servant d'hospice général fut incendiée tout entière avec toutes les constructions voisines.

Cependant, en dépit du défaut d'espace et de l'air malsain qu'on respirait *intra muros*, dans l'ancienne ville, le nombre des habitants s'était accru tout-à-coup d'une manière prodigieuse.

En 1594, Brest n'était encore qu'une paroisse peu considérable de Lambezellec; dans les années qui suivirent la Ligue, sous Henri IV, la population lui arriva en foule et de telle sorte que, moins d'un siècle après, en 1700, elle comptait déjà 14,000 habitants.

En 1776, cette population avait augmenté de 8,000 âmes.

Enfin, en 1781, Brest avait 24,000 habitants, sans compter la population flottante.

Elle en avait 35,000 en 1830.

Elle en a aujourd'hui 64,665, d'après le dernier recensement de 1856.

LETTRE XIII.

Si un vieux marin comme vous est déjà coupable de ne pas connaître Brest, il serait inexcusable de ne pas venir l'habiter quand l'occasion lui en est offerte.

J'essaierai de vous en convaincre tout-à-fait en vous étalant, dans mes prochaines lettres, toutes les richesses de son port, toutes les magnificences de sa rade.

BREST-PORT.

LETTRE XIV.

Port de Brest, ce qu'il était à son origine. — Premiers travaux. — Importance dès 1500. — Le port de Brest en 1631 et 1670. — Travaux de Vauban, de Groignard et de Choquet de Lindu.

Avant le xve siècle, Brest n'avait que son port naturel (Brivates-Portus), consistant en une anse évasée vers la rade, et se rétrécissant de plus en plus au nord pour se terminer en un canal étroit où serpentait la Penfeld.

Ce port, toutefois, était déjà suffisamment profond à l'embouchure de la rivière, puisque les quelques navires de guerre qu'avait alors la Bretagne venaient fréquemment s'y abriter.

Les premiers travaux effectués pour le rendre plus commode datent du duc François II.

Anne, sa fille, les continua avec ardeur.

Dès l'année 1510, une escadre fut fournie, à Brest, de tout le matériel nécessaire pour prendre la mer.

C'est à cette époque qu'y fut construit le vaisseau de

100 canons la *Cordelière,* portant 1,200 hommes d'équipage.

Quelques auteurs, toutefois, prétendent que cet énorme bâtiment était sorti des chantiers de la rivière de Morlaix.

Il fallait bien, d'ailleurs, que le port de Brest eût une véritable valeur alors, sinon comme richesse, au moins comme position, puisque les Anglais s'en montraient jaloux et voulaient à tout prix s'en emparer.

Brest-Port n'avait encore aucun établissement maritime à demeure en 1651.

Richelieu conçut le premier la pensée d'en faire un vaste arsenal, et après avoir fait dresser les premiers quais sur les deux rives, il ordonna la construction des édifices essentiels.

En 1670, à l'entrée du port était la crique de Troulam ; plus au nord se trouvait la vieille corderie, immense bâtiment en bois qui longeait, d'un bout à l'autre, l'alignement de la rue de Keravel, bâtie depuis à sa place.

La *garniture* se voyait à l'extrémité occidentale de la corderie et se dirigeait parallèlement à la rivière, au-dessus de l'endroit où sont aujourd'hui les bureaux du port, de l'inspection et ceux du magasin général.

C'était le dernier établissement du côté de Brest.

En allant de ce point sur l'autre rive, on se trouvait à la crique de Pontaniou. Ce n'était alors qu'un enfoncement rempli de vase à marée basse et qu'entouraient les magasins de la mâture, de la voilerie, des grandes forges et de la tonnellerie, édifices encore existants, mais ayant changé de destination.

En suivant le quai vers l'embouchure de la Penfeld, on côtoyait les forges et clouteries, puis la salle d'armes; de là jusque vis-à-vis la première tour du château, s'élevaient des maisons particulières; plus loin enfin, étaient établis les magasins des subsistances qui s'étendaient jusqu'à la pointe du Fer-à-Cheval.

En 1681, Vauban, en même temps qu'il construisait les nouvelles fortifications de la ville, dressa le plan des travaux à opérer pour abriter les plus grandes flottes et fournir à tous les besoins de la marine.

La Penfeld fut élargie; la mine fit sauter les énormes rochers qui entravaient son cours; le sol fut creusé partout à une profondeur considérable.

Un port vaste, commode, sûr, fut le résultat de ces efforts immenses qui attestent de la part de celui qui les conçut, de celui qui les ordonna, une puissance de volonté qui suffirait seule à leur gloire.

En 1681, on ouvrit le premier bassin de radoub dans l'anse de Troulam. C'est ce bassin que le célèbre ingénieur Groignard, après plusieurs essais infructueux, fit refaire plur tard tel qu'il est aujourd'hui.

Du côté de Recouvrance on acheva les ateliers et magasins de l'artillerie.

En 1668, on reconstruisit la vieille corderie.

La même année, fut ouverte l'école des gardes-marine et du pavillon.

A dater de ce moment, les édifices s'élevèrent sans interruption sur les deux rives de la Penfeld :

Les magasins aux vins furent établis (1716).

La corderie basse fut construite (1747).

En 1749, on édifia la boulangerie qui, brûlée en 1759, fut relevée trois ans après.

Choquet de Lindu préluda, en 1751, par l'érection du bagne, établissement magnifique, aux innombrables travaux dont le port lui est redevable.

Il éleva le mur d'escarpe des batteries du Fer-à-Cheval et acheva les trois bassins de Pontaniou en 1757.

L'année 1764 vit s'établir l'atelier des toiles à voiles;

En 1766, on acheva les magasins de l'artillerie ;

La machine à mâter, due à l'ingénieur Petit, fut, pour la première fois, mise en usage en 1770;

En 1796, les ateliers des constructions maritimes furent établis et déjà la France put se vanter, à bon droit, de posséder le premier port militaire de l'Europe.

LETTRE XV.

Créations modernes. — Aspect général du port, — Son mouvement, — Sa richesse, — Ses monuments particuliers.

Chaque année qui s'écoula depuis la fin du XVIIIe siècle vit s'accroître le nombre des établissements utiles.

De nos jours, la nouvelle salle d'armes, le musée maritime, la buanderie à la vapeur, les machines pour monter l'eau, les machines d'épuisement pour les bassins de radoub, la presse hydraulique des constructions navales; la forme pour les frégates et les petits bâtiments, les nouveaux ateliers d'armurerie, de chaudronnerie, de moulage; la prolongation des grandes forges, l'atelier des gros marteaux à martinets, l'atelier de limerie, les nouvelles cales dressées sur l'ancien jardin du Bocage, les fours à charbon, etc. etc., ont satisfait à toutes les exigences en dotant le port tout à la fois d'édifices remarquables et d'appareils ingénieux.

Il y aurait peu d'intérêt à vous faire connaître l'une après l'autre la date des innombrables constructions qui s'élèvent aujourd'hui sur les deux rives de la Penfeld, depuis les grilles ou portes d'entrée à Brest et à Recouvrance jusqu'à l'arrière-garde; je préfère essayer d'esquisser dans son ensemble ce vaste et riche arsenal maritime.

Figurez-vous donc, des deux côtés de la rivière, un long trottoir pavé en dalles de granit, courant le plus habituellement du sud au nord; couvert de pièces d'artillerie de tous les calibres, d'ancres, de boulets symétriquement rangés; interrompu, çà et là, par des formes ou bassins pour la réparation des navires, garni de cales de constructions, les unes surmontées d'une voûte que soutiennent des piliers massifs, les autres sans abri, toutes couvertes de bâtiments à peine commencés ou à la veille d'être lancés à la mer; bordé enfin par des édifices somptueux, au-dessus desquels s'élèvent en amphithéâtre des édifices plus remarquables encore.

Entre ces deux boulevards, qui mesurent près d'une lieue d'étendue, et qui viennent aboutir au magnifique établissement de la Ville-Neuve, coule la Penfeld, encaissée à sa source par des collines ombragées, et portant, sur ses flots brisés par la digue, des vaisseaux de tous les rangs, des frégates, des brigs, des goëlettes, des bateaux à vapeur, rangés en ligne à côté les uns des autres, et offrant aux regards le spectacle le plus intéressant, le plus imposant et le plus varié.

Ceux-ci arment; ceux-là rendent à l'arsenal leur immense matériel.

La plupart, revêtus d'une toiture rouge qui les défend de la pluie et du soleil, témoignant par leur aspect de leur jeunesse et de leur puissance, semblent attendre avec impatience l'heure de reprendre leur lutte avec l'Océan ; d'autres, au contraire, vétérans admis au repos par suite de leurs fatigues, de leurs blessures, attendent, utiles encore, que vienne leur dernier jour.

Il n'y a pas de grande ville qui soit plus animée que le port de Brest les jours ouvrables.

Dès que sonne la cloche du matin, on voit affluer par ses portes une foule d'ouvriers qui se rendent au travail.

Une demi-heure après, tout prend vie : les feux s'allument, les cheminées fument, le marteau des forgerons frappe le fer, le maillet des calfats enfonce l'étoupe dans les coutures des vaisseaux neufs ou en réparation ; les cris des marins dressant des apparaux, le grincement des poulies, le mugissement des grues, le ron-ron des machines à vapeur, le bruit mordant des limes, le sifflement du vent à travers les cordages, tout se mêle et se confond.

Ici, ce sont des corvées de matelots qui se rendent à bord des navires en armement ; là, de longues files de forçats en habits rouges, en pantalons jaunes, en bonnets verts, traversent le port en traînant leurs chaînes, tandis qu'une multitude d'embarcations se croisent sur la rivière et la sillonnent dans toutes les directions.

A midi, tout ce bruit cesse, pour recommencer peu de temps après et ne plus finir qu'avec la nuit.

Alors des rondes parcourent incessamment l'arsenal, visitent tous les magasins, tous les ateliers, marchant silencieuses et isolées à travers cette ville morte qui doit ressusciter le lendemain, puissante et pleine de vie, comme la veille.

On estime à plusieurs milliards les richesses amassées dans le port de Brest.

En dehors de ses édifices spéciaux, l'arsenal compte peu de monuments. On voit pourtant à son entrée, sur la rive gauche, une colonne formée par un long canon de bronze conquis à Alger, et qu'on appelle la Consulaire, et un peu plus loin, une fontaine surmontée d'une belle statue d'Amphitrite.

LETTRE XVI.

Temps qu'il faut pour visiter le port, — Sa Bibliothèque, — L'ancienne Académie.

L'étranger qui vient à Brest ne peut pas consacrer moins d'une semaine à visiter le port, s'il veut avoir une idée suffisante de tout ce qu'il renferme de curieux et d'intéressant.

Après avoir examiné en détail le magasin général, les corderies haute et basse, la salle d'armes, l'atelier des modèles et le magnifique établissement des machines à vapeur, il doit s'arrêter spécialement à la bibliothèque, dont je vais vous faire l'historique abrégé, en même temps que celui de l'Académie.

En 1752, Brest fut dotée, par lettres patentes du roi, d'une Académie de marine qui, bientôt célèbre, prit place immédiatement après l'Académie des sciences.

Cette Académie dut sa naissance à quelques jeunes officiers, à qui advint la pensée féconde de faire un dictionnaire général de marine sur le même plan que l'*Encyclopédie*.

Ils se partagèrent entre eux les différentes branches du travail, et se mirent immédiatement à l'œuvre.

Par malheur, le premier volume de leurs Mémoires fut seul imprimé. Les autres manuscrits, toutefois, ont été conservés par les soins de l'administration, et peuvent, aujourd'hui, être consultés à la bibliothèque du port.

Cette bibliothèque, fondée peu de temps après la Société académique, se compose actuellement de près de vingt mille volumes, traitant presque tous des sciences et des arts maritimes.

On y remarque quelques éditions du XVe siècle, et un plus grand nombre sorties, durant le XVIe et le XVIIe, des presses des Aldes, des Etienne, des Elzevirs et des Plantins.

Nul doute que, si l'Académie de marine n'avait pas été détruite par la Révolution de 89, cette bibliothèque contiendrait aujourd'hui d'immenses trésors scientifiques. Les savants de tous les pays qui s'honoraient d'être inscrits parmi les membres de cette Société l'auraient infailliblement dotée d'une foule d'observations importantes, de documents précieux. Telle qu'elle est cependant, elle peut encore être considérée comme l'un des dépôts les plus complets de toutes les connaissances touchant l'art nautique.

LETTRE XVII.

Bagne du port de Brest. — Classification des criminels. — Administration. — Hôpital. — Jugement des forçats par le tribunal maritime. — Peines intérieures. — Travaux. — Grâces. — Division du bagne. — Chapelle. — Toilette des forçats à l'arrivée. — Régime intérieur. — Complots. — Evasions.

J'allais vous parler de la rade. Mais vous pourriez me reprocher avec raison de n'avoir pas dit un mot d'un des principaux établissements du port, le bagne; je vais donc réparer mon oubli.

Le bagne fut construit sur les plans et sous la direction de Choquet de Lindu, ingénieur des bâtiments civils de la marine.

Il fallait pour l'emplacement de ce bâtiment un lieu qui réunît toutes les conditions désirables, et le choix n'en était pas facile.

Il convenait qu'il fût voisin du port, en raison des travaux auxquels on destinait les forçats; il fallait qu'il fût à proximité d'une caserne pour que les moindres tentatives de désordre pussent y être immédiatement réprimées; il fallait enfin qu'il fût assis sur un lieu élevé et salubre, afin que les condamnés, déjà exposés par leur nombre à l'influence des maladies qui naissent de l'encombrement, n'eussent pas à souffrir d'un milieu atmosphérique dangereux.

On chercha long-temps. On finit par donner la préférence à un terrain dominant la corderie haute et dominé lui-même par le plateau sur lequel est érigée la grande caserne de la marine.

C'était un choix excellent et qui témoignait autant du savoir de l'ingénieur que de sa philantropie.

Ce vaste édifice, l'un des plus remarquables de l'arsenal, est parfaitement approprié à l'usage auquel il est consacré.

Il y a quelques années, il comptait encore 3,000 condamnés de toutes les classes de la société. Le nombre en est infiniment réduit depuis qu'on a fondé l'établissement pénitentiaire des iles du Salut.

Voici, d'après un livre sur les bagnes, quelques détails qui vous rendront nettement compte des divisions intérieures et du régime particulier auquel sont soumis les hommes de chaîne.

Tous les forçats sont confondus dans la même localité et soumis au même réglement.

On les divise en quatre classes :

1° Les criminels endurcis; 2° les criminels par pas-

sion; 3° les criminels par relation; 4° les criminels vieillis au bagne.

L'administration est composée :

1° D'un commissaire de la marine, sous le titre de chef du service des chiourmes; 2° d'un comptable; 3° d'un inspecteur; 4° d'un nombre proportionnel d'adjudants et de sous-adjudants répartis dans les six salles du bâtiment; 5° enfin, de compagnies de gardes-chiourmes en nombre variable.

Ces gardes conduisent les forçats aux travaux et les ramènent.

L'hôpital affecté aux forçats est desservi par les médecins de la marine et par les sœurs hospitalières.

Les crimes commis par les forçats sont jugés le plus tôt possible et sans appel, par un tribunal maritime spécial.

Les condamnations sont exécutées dans les vingt-quatre heures, sauf l'arrêt de mort, soumis actuellement à la sanction impériale.

Les autres peines sont :

Le retranchement du vin, la perte de la chaîne brisée, le cachot, la bastonnade.

Le chef du service dispense seul les châtiments et les récompenses. Ces dernières sont :

Le désaccouplement; les petits emplois dans l'intérieur du bagne, comme écrivains de salles, donneurs de pain, balayeurs, barbiers; enfin, l'inscription sur le tableau des grâces, soumis annuellement à la clémence du chef de l'Etat.

Ce tableau est dressé par une commission spéciale,

sous la présidence du commissaire général de la marine et sur une liste préparée d'après les dossiers des condamnés.

Le temps d'expiation exigé est de dix ans pour un condamné à vie, et de la moitié de la condamnation, lorsqu'elle ne dépasse pas vingt ans.

Nul n'est porté sur le tableau des grâces, s'il n'est réclamé officiellement par sa famille, qui s'engage à subvenir à son existence.

Une chambre, installée en chapelle, est mise à la disposition des aumôniers de la marine pour s'entretenir avec les forçats qui demandent les secours de la religion.

Autrefois, les condamnés aux galères étaient envoyés au bagne par chaînes plus ou moins nombreuses.

Ces bandes parcouraient à pied, et par étappes militaires, les distances qu'elles avaient à franchir pour arriver à leur destination.

La morale publique s'est justement émue du spectacle donné aux populations par ces misérables, et leur translation se fait aujourd'hui à l'aide de voitures cellulaires.

Dès son arrivée, le condamné, après qu'on s'est assuré de son identité, est mis nu, lavé et habillé d'une robe de moui rouge, d'un pantalon de moui jaune et d'une chemise de toile écrue. On lui donne des souliers ferrés. Sa tête rasée reçoit un bonnet de laine rouge ou verte, suivant la catégorie à laquelle il appartient.

S'il est valide, on l'accouple. On lui octroie trois jours de repos, dans la salle où il est classé, et, le jour suivant, il est conduit à la fatigue, qui commence à six heures en hiver et à cinq en été.

Les travaux réglementaires des forçats finissent à quatre heures; à huit heures ils se couchent sur des lits de camp.

Une ration de pain ou de biscuit, de légumes cuits à l'huile, au beurre ou au lard, de fromage, avec quarante-huit centilitres de vin journalier, compose la nourriture de chacun d'entre eux.

On s'est beaucoup appitoyé sur le sort des galériens modernes. Beaucoup d'entre eux, cependant, trouvent au bagne ce qu'ils auraient vainement, peut-être, cherché ailleurs : la nourriture et le couvert.

Sans doute, ils paient par de rudes travaux le pain et l'asile que leur fournit l'Etat, mais il ne faut pas s'exagérer ces fatigues dont la philantropie outrée s'est fait une arme agressive. Beaucoup d'ouvriers de l'arsenal, honnêtes pères de famille, achètent, au prix de labeurs plus pénibles encore, l'alimentation de leurs enfants, et l'on conçoit que beaucoup d'entre eux aient pu dire :
» Que si l'on n'avait pas à laisser l'honneur à la porte
» des bagnes, il y aurait des malheureux qui accepte-
» raient avec empressement et reconnaissance la part
» qui est faite aux forçats. »

La vie du bagne est loin d'être odieuse à tous ceux qui l'habitent. Parmi les vieux galériens condamnés à vingt ans, il en est plus d'un qui regrettent de ne l'avoir pas été à vie.

C'était surtout lorsqu'existait la marque que ce regret était commun. Que pouvaient, en effet, espérer du monde ces misérables portant sur leur épaule le signe indélébile du déshonneur !

Chaque jour voit un complot éclore au bagne.

Grâce à la vigilance de l'administration, les projets les mieux conçus avortent pour la plupart.

Il est rare, cependant, qu'il se passe plusieurs années sans que quelqu'un des agents de l'établissement ne soit assassiné.

Presque toutes les semaines, la ville entend les trois coups de canon d'alarme qui annoncent l'évasion d'un forçat. Le plus souvent, toutefois, ces tentatives de fuite échouent. La gendarmerie ou les paysans des environs ne tardent pas à ramener les coupables.

Il en est, d'ailleurs, qui ne rompent leurs chaînes qu'avec l'intention bien arrêtée de venir les reprendre. L'histoire des bagnes fourmille de preuves à cet égard.

BREST-RADE.

LETTRE XVIII.

Rade de Brest, — Ses dimensions, — Sa profondeur, — Ses bornes, — Ses abris. — Nombre des vaisseaux qu'elle peut contenir. — Le vaisseau-école.

La rade de Brest est sans contredit l'une des plus vastes et des plus sûres de toutes les rades de l'Europe.

Elle a un myriamètre de long sur un myriamètre et demi de large, ce qui lui donne cinq lieues de surface, non compris les deux enfoncements considérables qu'elle présente à l'est-nord-est et au sud.

Sa profondeur moyenne est de quatorze brasses à marée basse.

Elle est bornée, au nord, par le château; au sud, par les côtes de Lenveoc, de Crozon et de Roscanvel; à l'ouest, par le Goulet; à l'est-sud-est, par la pointe occidentale de Plougastel.

Elle est abritée de tous les vents, excepté ceux d'ouest, qui enfilent sa passe.

La tenue y est excellente.

Elle peut donner ancrage à cinq cents navires de premier rang.

En 1681, Vauban voulut la rendre impénétrable à l'aide de deux forts qu'il imagina de construire : l'un sur la Roche-Mingan, qui se trouve au milieu du Goulet, l'autre sur la Cormorandière, qui gît à l'entrée de la baie. Mais il échoua dans son projet à cause des insurmontables difficultés que lui opposa la mer.

On s'est ingénié depuis pour la défendre.

En outre des innombrables fortifications dont les feux croisés rendraient extrêmement périlleux l'abord de sa passe unique, on a établi sur son pourtour des batteries puissantes qui, dit-on, peuvent atteindre les vaisseaux au mouillage, en quelque point qu'ils soient ancrés.

Les principales batteries qui la protègent sont :

Celle du Semaphore, de la Rose, la Batterie-Royale, du Fer-à-Cheval, de la Butte-des-Signaux, etc., etc.

D'après les ingénieurs militaires, deux cents boulets de face ou en enfilade peuvent atteindre en un instant un navire ennemi qui s'exposerait à franchir son entrée.

C'est sur la rade de Brest qu'est mouillé à demeure le vaisseau le *Borda* où se préparent les futurs officiers militaires de la marine, sous le commandement d'un capitaine de vaisseau directeur et sous la direction de nombreux professeurs chargés de leur enseigner les sciences, les lettres et les arts.

On n'est admis au vaisseau-école que par voie de concours. La moyenne des admissions est de cinquante par année.

Deux corvettes d'instruction destinées à instruire les

élèves dans le matelotage et la manœuvre sont spécialement affectées au *Borda*.

L'école navale, critiquée d'abord, est considérée aujourd'hui comme une excellente pépinière de marins.

L'Autriche, la Sardaigne en ont fondé une à notre exemple, l'Angleterre va établir la sienne à Plimouth, la Russie à Cronstadt.

C'est encore sur la rade de Brest que se trouve l'école des mousses, destinée à fournir des matelots à nos flottes.

On peut regretter que Brest n'ait pas, comme Toulon, son école navale d'artillerie.

LETTRE XIX.

Vous voilà édifié sur les quatre parties composantes de Brest : son château, sa cité ancienne, son port et sa rade.

J'ai puisé aux meilleures sources les renseignements que je vous ai fournis, et puisque vous avez eu la bienveillance de les accueillir, je ne regrette pas les heures qu'il m'a fallu consacrer à un travail qui n'a rien d'ailleurs d'antipathique à mes habitudes et à mes goûts.

Je vais avoir maintenant à aborder une autre partie

de mon sujet. Avant de l'entamer cependant, je crois indispensable de traiter sommairement trois questions qui se rattachent au port, au bagne et à la rade, et qui sont, pour ainsi dire, à l'ordre du jour.

Elles sont d'un haut intérêt pour Brest; vous me pardonnerez donc de ne pas vouloir les passer sous silence.

Les voici :

1re QUESTION. — Avec l'accroissement incessant et nécessaire de notre marine, le port de Brest est-il dans toutes les conditions désirables ?

2e QUESTION. — La transportation des forçats aux îles du Salut a-t-elle produit tout le bien qu'on pouvait en attendre ?

3e QUESTION. — Brest est-elle réellement imprenable par mer, comme on l'a prétendu ?

Avec l'accroissement incessant et nécessaire de notre marine, le port de Brest est-il dans toutes les conditions désirables ?

Tout le monde est d'accord aujourd'hui avec les amiraux défunts, Thévenard, Duperré et Mackau, que si le château n'avait pas existé, que si une bourgade d'ouvriers, de pêcheurs et de gens de guerre ne s'étaient pas trouvés groupés autour de lui, formant, pour ainsi dire, les rudiments d'une cité; que si les premiers essais d'un arsenal n'avaient pas été faits par François II et par Anne, sa fille, dans la Penfeld; que si Brest, enfin, n'avait pas été le chemin le plus court pour pénétrer au cœur de la Bretagne, et, conséquemment, le lieu où il fallait accumuler les moyens de défense, Richelieu et Vauban, au lieu de fonder à grands frais un port sur la Penfeld, l'eussent établi là où il n'y avait, pour ainsi dire, qu'à vouloir pour être sûr de réussir, et que c'est dans la baie de Lendevenec qu'il se fût ouvert.

En effet, il suffit d'examiner les lieux pour se rendre compte des facilités qu'on eût rencontrées, à la place des efforts gigantesques et presque surhumains qu'il a fallu dépenser.

Mais il est des travaux qui sont commandés par des considérations devant lesquelles toutes les autres doivent se taire. Ceux de la Penfeld appartenaient évidemment à cet ordre.

Au temps passé, le port de Brest offrait assurément toutes les garanties désirables, mais aujourd'hui que la vapeur est venue étendre presque démesurément les rapports maritimes entre toutes les nations du littoral, on peut craindre que son étroitesse ne lui permette bientôt plus de recevoir dans son sein tous les bâtiments qu'il pourrait avoir mission de contenir.

Pour peu que la flotte augmente, et elle augmentera, cela n'est point douteux, il ne pourra donner place à ses navires, qu'à la condition de les entasser les uns sur les autres, et de les exposer journellement à une foule de dangers.

Déjà même l'encombrement se fait sentir. On se demandait naguère encore ce qu'il adviendrait de tant de richesses accumulées, le jour où un incendie se déclarerait avec une brise de sud ou de nord qui prendrait l'arsenal en enfilade, et tous les gens sensés ont applaudi à la prévoyance, à la sagesse du préfet maritime qui a pris la résolution d'évacuer sur l'anse de Châteaulin une partie des bâtiments infiniment trop nombreux qui se trouvaient mouillés dans la Penfeld.

Il est manifeste aujourd'hui que le port de Brest, admirable lieu d'asile pour la marine d'autrefois, court risque de ne plus présenter bientôt toutes les nécessités indispensables.

Peut-être donc conviendrait-il, dès à présent, de ne plus surcharger ses rives de constructions nouvelles, mais d'opérer résolument, en partie du moins, ce que le Piémont vient de faire et d'établir, au lieu qu'a si bien choisi le préfet maritime, une succursale du port de Brest, comme le Piémont en a fait une de la Spezzia pour Gênes.

Je livre cette opinion à la marine.

La transportation des forçats aux îles du Salut a-t-elle produit tout le bien qu'on pouvait en attendre ?

L'immixtion des forçats à une population morale et saine ne pouvait avoir que des dangers.

Les ouvriers des ports, en contact journalier avec eux, auraient pu finir par oublier que ce sont des hommes flétris par la loi, et en les voyant bien vêtus, suffisamment nourris, traités sans trop de rigueur, il aurait pu arriver qu'ils se prissent à comparer leurs situations respectives, et à se trouver, parfois, plus à plaindre que ces condamnés.

C'est donc un acte essentiellement méritoire que la translation des galériens.

La disposition prise à leur égard s'étendra, il faut l'espérer, plus loin encore : d'autres classes de repris de justice seront, tôt ou tard, séparées d'une société au milieu de laquelle ils font tache.

Mais, tout en applaudissant à la sagesse du Gouvernement, peut-être est-il permis de regretter qu'il n'ait pas mieux choisi le nouveau lieu de réclusion.

De tous les points entre lesquels on pouvait opter, les îles du Salut étaient assurément le moins acceptable. On devait être sûr, en effet, que du moment qu'un grand nombre d'individus s'aggloméreraient sur ces îlots étroits et insalubres, les maladies y naîtraient en foule.

L'on ne peut donc que faire des vœux ardents pour que le prince à qui est venue la généreuse pensée de séparer l'ivraie du bon grain achève et complète son œuvre, en cherchant partout ailleurs une localité mieux appropriée aux établissements pénitentiaires.

Que pourrait jamais produire le travail incessant des forçats aux îles du Salut?

Que ne produirait-il pas sur une autre terre?

Si le travail moralise, c'est surtout quand il conduit à des résultats satisfaisants.

Celui qui ne mène à rien dégoûte des efforts et abrutit davantage.

Que seraient devenus les pénitentiers anglais, si l'avenir ne s'était pas ouvert devant eux?

Il ne faut pas qu'on puisse supposer un instant que la France n'a eu d'autre but, en fondant des établissements d'expiation hors de son territoire continental, que de se débarrasser des hommes qu'avait condamnés sa justice. Il faut qu'on soit bien persuadé, au contraire, que la pensée du chef de l'Etat a été tout à la fois une pensée de sagesse et de charité ; il faut qu'on soit bien convaincu, enfin, que ce n'est pas pour livrer les galériens à une mort à peu près inévitable, dans le cours de quelques années, mais bien pour leur offrir l'occasion de se régénérer par le travail, que la nation la plus généreuse et la plus civilisée du monde a adopté le système de la transportation.

N'est-il pas sur l'Afrique française, si saine et si féconde, un lieu qu'on pût consacrer aux pénitentiers?

La grande terre récemment explorée par le commandant Tardy de Montravel, ne conviendrait-elle pas mieux encore que les tristes îlots du Salut ?

Que n'occupons-nous Madagascar, ce magnifique pays qui nous appartient !

En quelques années, cette terre, qui n'est dangereuse que sur ses rivages, cette terre vierge, encore livrée à la culture, donnerait à la mère-patrie le droit de s'enorgueillir des établissements qu'elle y aurait fondés par le travail des condamnés, et ceux-ci, ressuscités par l'espérance à la vie sociale, n'auraient plus qu'à bénir la main qui les y aurait envoyés.

NOTA. Nous venons de lire dans le *Moniteur* qu'une commission s'assemble pour choisir un lieu plus approprié que les îles du Salut aux exigences de la transportation.

Brest est-elle réellement imprenable par mer, comme on l'a prétendu ?

J'admets que les forts innombrables qui garnissent le Goulet aient des feux qui se croisent.

J'admets que des vaisseaux ne puissent franchir cette passe si étroite sans s'exposer aux chances les plus graves.

Je ne crois pas, toutefois, qu'il soit impossible à un amiral bien résolu, favorisé d'ailleurs par une bonne brise d'ouest ou de sud-ouest, de pénétrer dans la rade et de venir tenter d'incendier le port.

Avant l'application de la vapeur comme force motrice, avant surtout la création de ces batteries flottantes impénétrables aux plus gros calibres, une tentative pareille eût pu être considérée comme un acte de démence; une telle audace n'aurait pu avoir pour conséquence que la destruction totale de la flotte qui s'y serait laissée entraîner.

A moins que les vents ne fussent venus à passer tout exprès au nord-est ou à l'est, en effet, il lui eût été impossible de songer à reprendre la haute-mer, et les feux convergents de la côte auraient bientôt eu coulé ses vaisseaux jusqu'au dernier.

La rade de Brest est une véritable souricière pour les navires à voiles. Si on peut aisément y entrer avec des vents d'aval, il ne faut pas songer à en sortir à heure fixe et sans une brise appropriée.

Mais avec des navires à vapeur, la difficulté disparait. Rien n'est aujourd'hui impossible à la nouvelle marine.

En temps de guerre, Brest courrait donc risque de voir brûler son port, si, en outre des innombrables canons qui défendent les approches de sa rade, elle n'avait au mouillage une escadre mixte suffisante et à l'entrée intérieure du Goulet une chaîne de batteries flottantes qui pût arrêter et briser tous les efforts.

D'après tous les marins, Lisbonne n'est plus suffisamment défendue par les sinuosités du Tage ;

Les Dardanelles seraient franchies, les hérissât-on de mortiers plus puissants et plus mobiles que ceux qui garnissent leurs rivages;

La Tamise serait violée comme elle le fut autrefois par Ruiter, quels que pussent être les ouvrages destinés à la protéger.

Il n'y a plus rien d'inexpugnable désormais pour une escadre ayant un chef habile et résolu pour la conduire, la vapeur pour la faire mouvoir et des batteries flottantes en nombre suffisant.

LETTRE XX.

Origine de la population de Brest. — Langue ancienne et moderne. — Costume primitif.

Il est impossible d'admettre que la Petite-Bretagne armoricaine n'eût pas d'habitants avant les premières émigrations pictes et saxonnes, mais il paraît démontré que, dans le cours de quelques années, les Celtes de l'Armorique se confondirent avec les Bretons insulaires et les soldats romains des légions qui les avaient vaincus.

Ainsi, les Brestois descendraient d'abord des Celtes, des Bretons et des Romains.

Depuis l'union du duché à la France, les peuples de la Gaule, en s'établissant dans la presqu'île, ajoutèrent nécessairement une race aux trois autres; les Brestois actuels participent donc de quatre origines :

Les Celtes, les Romains, les Bretons et les Français.

LANGUE.

On ne sait rien du dialecte primitif de cette partie de l'Armorique.

Brest devenue cité parla exclusivement breton, jusqu'à l'époque de la réunion de la Bretagne à la France.

D'où vient la langue bretonne?

Est-ce une langue mère? Cela n'est point douteux.

Est-ce la langue des anciens Celtes ? On peut le croire, mais personne, à coup sûr, n'oserait l'affirmer.

Quoi qu'il en soit, à l'époque de l'union, les idiômes de la France et de la Bretagne se mêlèrent, mais ne se confondirent pas.

Les Français qui venaient s'établir à Brest continuaient à parler la langue de leurs pères; les Brestois, de leur côté, tenaient à honneur de ne se servir que du dialecte de Léon.

De là un antagonisme qui rendait les rapports impossibles, et qu'il fallut combattre et vaincre par des lois, dans l'intérêt des deux partis.

Au XVIIe siècle, le français commença à prévaloir dans les classes élevées, mais ce ne fut que vers le milieu du XVIIIe qu'il devint la langue usuelle.

COSTUME.

Le costume des Brestois, jusqu'à la fin du XVe siècle, se composait, d'après les vieilles images enluminées de cette époque :

Les jours fériés,

D'un chapeau à larges bords en feutre, garni de chenilles de diverses couleurs, et remplacé, les jours ouvrables, par un bonnet de laine bleu ou brun, de forme phrygienne.

L'habit et le gilet étaient en drap; l'habit, à larges basques, descendait jusqu'aux genoux.

Tout Brestois portait des braies ou bragues de laine ou de toile. Elles étaient maintenues autour des reins par un ceinturon de cuir, et fixées au dessus des mollets avec des rubans de laine.

Les bas étaient invariablement de laine brune ou grise.

La chaussure se composait de souliers à fortes semelles, garnis d'une large boucle en cuivre, les dimanches et fêtes.

Elle était remplacée, les jours ordinaires, par des sabots de forme grossière, matelassés de paille à l'intérieur.

Tout Brestois en voyage était inévitablement muni de sa gourde en corne, et armé d'un bâton noueux terminé à son extrémité inférieure par un renflement ou tête (pen-bas).

Le costume des femmes se composait :

De trois jupons superposés. Le plus voisin du corps était blanc, le deuxième bleu ciel, le troisième brun ou noir.

Un casaquin de couleur foncée, garni de broderies à dentures rouges ou bleues, ouvert par devant, laissait voir une partie du linge de corps qui se fermait, à la poitrine et au cou, par trois boutons.

Leur coiffure était un serre-tête par dessus lequel elles relevaient leurs cheveux en chignon, et de manière à produire, à la partie postérieure du crâne, une saillie sur laquelle reposait le bonnet de toile blanche composé d'un fond plissé et de deux barbes pendantes.

Leurs bas et leurs chaussures ne différaient en rien de ceux des hommes.

LETTRE XXI.

Vie intérieure, mœurs et coutumes anciennes des habitants de Brest.

Il est facile de se rendre compte de ce que devait être la vie intérieure de la première population, exclusivement occupée de pêche et de culture.

Hommes et femmes se levaient avec le jour, se rendaient à leurs champs ou à bord de leurs barques, rentraient à l'heure de midi pour prendre un repas composé de poisson, de bouillie ou de galettes, retournaient à leurs travaux, et le soir venu, se groupaient durant l'été autour de leur porte ; en hiver, attendaient l'heure du repos auprès d'un feu de broussailles.

Quand Brest commença à compter quelques maisons, elle se modifia nécessairement dans ses habitudes. La vie sociale prit plus d'extension et se manifesta par des coutumes, dont quelques-unes méritent d'être rétracées en raison de leur caractère original et de leur étrangeté.

Ainsi nul nouveau venu n'était autorisé à s'établir dans la bourgade, s'il ne prouvait d'abord devant un conseil d'Anciens :

1° Qu'il avait l'agrément du gouverneur ; 2° qu'il

avait suffisamment pour subvenir à ses besoins ; 3° qu'il était de mœurs faciles; 4° qu'il était robuste et capable d'affronter les dangers de la mer.

— Tout aspirant au mariage était tenu de prouver qu'il était bon marin.

À cet effet, il devait aller, en plongeant, arracher une poignée de goëmon à la surface de la Roche, appelée la Rose, qui subsiste encore à l'embouchure du port.

Nul ne pouvait d'ailleurs contracter une union légitime qu'après avoir fait reconnaître par des experts qu'il était sain et valide et qu'il offrait toutes les conditions physiques et morales d'un époux loyal et consciencieux.

Avant d'arrêter le mariage, des délégués, au choix de la future, hommes et femmes, se rendaient chez lui, inspectaient son mobilier, son linge, sa vaisselle, ses ustensiles de pêche, ses instruments aratoires, en faisaient l'estimation approximative, et, combinant ultérieurement ses qualités ou ses défauts avec sa richesse ou sa pauvreté, venaient faire, devant les parents de la future, le résumé religieux de leurs opinions diverses.

Deux jours étaient accordés par eux au père et à la mère de la fille ou à ses oncles, si elle était orpheline, pour se prononcer.

Dans le cas d'acceptation, le plus jeune des consanguins venait, à la nuit, pendre au loquet de la porte du postulant une des robes de la future épouse, et avant le lever de l'aurore, le tailleur du lieu, remplissant les fonctions de commissaire conjugal, venait le chercher, un bouquet à la main, pour le conduire chez sa fiancée.

Dans le cas de refus, au contraire, le plus ancien des parents de la fille, ou, à son défaut, le plus respectable de ses amis, attachait une corbeille renversée et un bouchon de paille au-dessus de la porte du prétendant, qui se renfermait alors, durant trois fois douze heures, en signe d'affliction.

Nul ne mourait à Brest qui n'eût ses veilleurs et ses étuviers.

Aussitôt que le cadavre était froid, on le lavait avec des eaux d'aromates, on l'enveloppait d'un linceul et trois des matrones du quartier récitaient, à tour de rôle, des prières, tandis que l'héritier promettait, à genoux, de se rendre digne, par ses vertus, de la fortune qui devenait son partage.

— Quand un enfant naissait, la mère n'était admise à l'embrasser la première que dans le cas où les assistants déclaraient qu'elle avait mérité d'être récompensée pour son courage et sa résignation.

— Les jours de grande fête, entre les offices, des prières se disaient en commun dans la maison des deux doyens d'âge, qui recevaient, tour à tour, chaque fraction de la population et étaient tenus de lui fournir trois pains blancs et cinq cruches de boisson potable.

— Le dimanche, on se réunissait sur le bord de la mer, pour remercier Dieu des profits de la semaine, puis on s'éparpillait pour se livrer aux différents jeux : le palet, la soule, la lutte, la course et la danse.

— A la fête de saint Jean et à celle de saint Pierre, on allumait, sur le point le plus culminant de la bourgade, un grand feu de broussailles qu'on entretenait toute la nuit.

Le lendemain on recueillait les cendres et on se les partageait, comme un préservatif contre les mauvais sorts.

— Sous Henri II, Brest fut dotée d'un papegau.

C'était un oiseau de bois garni de plaques de fer, qu'à un jour de l'année les habitants essayaient d'abattre à coups d'arquebuse.

Celui qui y parvenait obtenait un prix en argent ou une immunité quelconque.

— Quand on installait un maire, les échevins en costume et les anciens notables, ayant chacun une baguette blanche à la main, se rendaient au siége de la municipalité accompagnés par un détachement de la milice, par les nouveaux mariés et par les habitants qui avaient fait bâtir une maison dans le cours des trois années précédentes.

La marche était ouverte par un homme ayant sur la tête une couronne dorée que le magistrat civil faisait tomber comme marque de l'hommage qu'il rendait au Roi.

Ensuite le récipiendaire, suivi d'un nombreux cortége, se présentait à la porte de la principale église.

Le recteur, assisté de deux prêtres, l'un portant la croix, l'autre le bénitier, s'y trouvait avec le livre des Evangiles.

Le nouveau maire s'agenouillait entre le lieutenant du Roi et le sénéchal de la cité, placés l'un à sa gauche, l'autre à sa droite, et la main posée sur le livre sacré, jurait de conserver les droits de l'Eglise, de veiller à ses intérêts comme aux siens propres, de protéger surtout la veuve et l'orphelin.

Ce serment prononcé, il entrait avec sa suite dans l'intérieur, au chant du *Te Deum*, et y entendait une grand'messe.

En sortant de l'église, il posait le talon droit dans un creux pratiqué exprès au milieu de la plate-forme d'entrée, faisait un tour sur lui-même pour prouver que l'église et le fond de cette église appartenaient bien à la ville et dépendaient d'elle. Il s'engageait enfin solennellement à bien servir le Roi et le public, à concourir de toutes ses facultés à la garde de leurs droits et priviléges respectifs.

Quatre jeunes citoyens, richement habillés et portant sur deux piques une cage élégamment dorée, prenaient alors la tête du cortége, qui se rendait à la porte d'entrée du château.

Parvenu à cet endroit, le maire promettait foi et fidélité au monarque, devant le gouverneur, tant pour lui que pour la commune, et demandait le maintien des droits et priviléges de la ville.

Il priait ensuite le représentant du souverain, en témoignage de franchise des Brestois, de délivrer un oiseau renfermé dans la cage qu'il lui présentait.

Cette délivrance s'exécutait au cri de *Vive le Roi !* et au bruit général de la mousqueterie.

Cette dernière partie de la cérémonie terminée, on reconduisait le maire à son hôtel, où un dîner splendide attendait les autorités.

L'après-midi de ce jour était consacré aux amusements de toute espèce.

Quelque temps qu'il fît, et dans quelque saison qu'on

se trouvât, il est une formalité bizarre qui s'accomplissait constamment. .

En vertu d'un droit féodal appartenant aux seigneurs de Lapalla, tout marié dans l'année, et quiconque avait fait bâtir depuis trois ans, devait se jeter à l'eau du haut du quai et y disputer le prix des oranges.

Une couronne de verdure garnie de ces fruits montait et descendait tour à tour jusqu'au niveau de la mer, à l'aide d'une longue corde à laquelle elle était suspendue.

Le nageur devait profiter du moment où elle était à sa portée pour saisir une des oranges.

Quatre prix étaient décernés à ceux qui, les premiers, avaient montré le plus d'adresse.

Nul ne pouvait se dispenser de prendre part au *Jean de l'Orange,* quand il était dans les conditions requises, à moins qu'il ne fournît un remplaçant.

Le soir, on dressait un procès-verbal de la fête, que l'on transmettait au gouverneur responsable de la cérémonie entière.

— Ce ne fut que plus tard qu'on institua les pardons ou fêtes publiques des paroisses.

— Les mâts de cocagne ne furent introduits que lors de la création du port.

— C'est à peu près à la même époque que remontent certains usages, comme celui de se présenter des œufs colorés à Pâques;

Des bougies peintes à la Chandeleur;

De se réunir en cercles, dans chaque rue, le jour de la Quasimodo, pour se faire passer, de mains en mains, toutes les vieilles poteries hors de service, en infligeant une punition quelconque à ceux ou celles qui les laissaient choir.

— Avant le mariage de la duchesse Anne, aucun cultivateur ne pouvait passer de Sainte-Catherine (Recouvrance) à Brest, pour y vendre ses produits, sans acquitter préalablement un droit de gerbes.

— Aussitôt que Brest eut une maison de charité (hospice), les administrateurs de cet établissement mirent en vogue un moyen assez étrange d'accroître ses revenus.

Ils instituèrent des clochiers et des pleureuses.

Les premiers, le jour où décédait un habitant, parcouraient les rues, couverts de sarraux noirs, en agitant leurs cloches, et s'arrêtant à chaque carrefour, demandaient des prières pour l'âme du défunt.

Les autres se louaient pour figurer les douleurs au convoi.

On jugeait, par le nombre des clochiers et par celui des pleureuses, de la fortune et du rang du mort, en même temps que de l'attachement et du respect qu'il avait inspirés à sa famille.

Les clochiers ont disparu depuis quelques années, mais les pleureuses subsistent encore.

— Chaque nuit, à minuit, avant la grande Révolution, les paisibles habitants de Brest étaient réveillés en sursaut par un individu à la voix sépulcrale qui, après avoir commandé l'attention en frappant sur un timbre métallique, criait à tous les coins de rue :

« Réveillez-vous, gens qui dormez, et priez Dieu pour les trépassés. »

On se plaignit avec raison de cette coutume barbare et incommode, et elle fut supprimée.

— Avant 89, les prêtres qui desservaient Saint-Sauveur, à Recouvrance, étaient obligés, en la personne de leur recteur, d'accompagner le curé de Brest, une fois l'an, à une procession qui avait lieu à Saint-Louis, le jour de l'Assomption.

LETTRE XXII.

Changement opéré dans la vie morale de Brest à la création de son port. — Affluence des étrangers. — Fortune croissante. — Nouvelles mœurs. — Premiers excès de la Révolution.

Brest resta une ville à peu près morte, intellectuellement parlant, jusqu'au moment où commencèrent les grands travaux de son arsenal.

Alors la ville s'accrut tout-à-coup d'une manière considérable. L'aisance s'y introduisit, et, avec la fortune croissante des habitants, vint le désir des lumières.

Des écoles s'y fondèrent et y propagèrent l'instruction.

Lorsque Louis XIV créa les gardes du pavillon, l'aspect moral de la cité se modifia encore.

Une grande quantité de familles étrangères vinrent s'y établir, les unes pour un temps, les autres à demeure.

Une foule de visiteurs y affluèrent; Brest, autrefois exclusivement composée de pêcheurs, de laboureurs, d'artisans, de petits marchands au détail, vivant isolés d'habitude, n'ayant point de centre commun, ne se rencontrant qu'à l'église ou au marché, eut tout-à-coup des promenades publiques, un théâtre.

La noblesse ouvrit ses salons, les fonctionnaires voulurent avoir leur monde, et peu à peu la ville se fit remarquer par son luxe et ses fêtes.

Dès les premiers troubles, en 1790, un club se forma à Brest, et se fit remarquer par l'exaltation de ses opinions.

Il travailla surtout à pervertir l'esprit public et, en particulier, celui des matelots.

Il y réussit si bien, qu'au mois de septembre de la même année, à l'occasion de la publication du nouveau Code maritime, une révolte éclata parmi les équipages de l'escadre aux ordres du comte Albert de Rioms.

Peu de temps après, les armes de Brest, mi-partie France et Bretagne, furent effacées et martelées partout.

Les lieux saints furent profanés.

Dans l'église Saint-Louis, on détruisit une chaire à prêcher d'un travail remarquable.

Les démagogues, dans leur fureur aveugle, brisèrent une table de marbre incrustée dans une fontaine du quai Tourville et qui portait l'inscription suivante, composée par le célèbre Santeuil :

Illam Nautœ omnes celebrate nympham.
Hic vobis dulces, provida prœbet aquas
Quia salsum pariter quæ pocula pura ministrat
Scandere amat vestras officiosa rates.

La chapelle de Notre-Dame à Recouvrance et l'église des Sept-Saints furent vendues comme propriétés nationales.

La première servit successivement de magasin et d'atelier ; la seconde fut transformée en auberge.

— Refroidie dans son élan révolutionnaire durant les années 91, 92 et 93, Brest se laissa de nouveau entraîner en 1794.

LETTRE XXIII.

Brest en 1794. — Installation du Tribunal révolutionnaire. — Rougemont, Montecler et Kéréon sont guillotinés.

Malgré ses excès en 90, Brest était, sans contredit, de toutes les villes de la France, une de celles qu'avait le moins agitées le mouvement révolutionnaire.

Ne se trouvant sur aucune des routes que traversaient les armées, éloignée de cent cinquante lieues de la capitale, foyer de toutes les commotions, volcan toujours allumé qui jetait ses feux sur les territoires environnants et y faisait éclater l'incendie, elle avait conservé un calme apparent au milieu de l'émotion générale.

Cependant, les ouvriers qui habitaient la rive droite et dont le nombre s'élevait à cinq ou six mille, avaient plus d'une fois donné à réfléchir aux commissaires envoyés dans cette ville extrême de la province de Bretagne.

On croyait savoir pertinemment à Paris que la marine était, en général, plus portée pour l'ancien ordre de choses que pour le nouveau gouvernement.

Il importait, conséquemment, que Brest fut, à son tour, chauffée, comme on disait alors, afin qu'elle s'associât franchement aux idées républicaines.

« Le 19 nivôse an II, à nuit close, par un temps de » frimas, la ville se trouva tout-à-coup éclairée par la » lueur d'un grand nombre de torches que portaient, au » bout du canon de leurs fusils, des soldats étrangers » sous les pas desquels s'était abaissé le pont-levis de la » place.

» Ces soldats, c'étaient les révolutionnaires de Paris, » formant le 5e bataillon de la montagne.

» Le représentant Leignelot était à leur tête. »

A un mois de là, l'arrêté qui instituait le tribunal révolutionnaire était placardé partout sur les murs de la ville.

Des ouvriers avaient travaillé toute la nuit à restaurer l'ancienne chapelle de la marine, et les habitants, en sortant dès l'aube, avaient pu lire, en lettres d'or, sur une table de marbre noir, fixée au fronton de cet édifice :

JUSTICE DU PEUPLE.

Le même jour, à onze heures précises, la porte du nouveau tribunal s'ouvrit devant la foule et elle put voir sur leurs sièges les nouveaux magistrats que Leignelot venait d'élire.

C'étaient : le président Grand-Jean; les juges Le Bars fils et Palis; l'accusateur public Victor Hugues, vis-à-vis lequel était assis le greffier Quemeur. Derrière ce dernier, adossé contre la muraille, un homme jeune encore, beau de visage, mais dont le regard était sombre et fixe, semblait attendre avec impatience un ordre qu'il libellait : c'était Hans, le bourreau.

Quatre officiers de l'ex-marine royale de France étaient au banc des accusés.

Beauvacher, presque vieillard; de Rougemont, de Montecler et de Kéréon, le plus âgé, qui n'avait pas trente-trois ans.

Tous quatre étaient prévenus d'avoir aidé à la trahison du comte de Rivière et d'avoir foulé aux pieds la cocarde républicaine.

Victor Hugues fit contre eux le réquisitoire le plus violent.

Beauvacher exhiba un ordre écrit du commandant en chef; les trois autres déclarèrent qu'ils s'honoraient comme militaires, d'avoir obéi sans hésitation.

Pendant que duraient les débats, on avait renversé, sur le champ de bataille, un ancien autel de la patrie, élevé en 1790. On l'avait remplacé par un monceau de bûches sur lequel on avait jeté une toile peinte représentant les accidents d'un roc escarpé: c'était la terrible montagne devant laquelle on avait immédiatement dressé la sainte guillotine.

A quatre heures du soir l'arrêt fut rendu.

Beauvacher était mis en surveillance et déclaré désormais indigne de servir sur la flotte.

La peine de mort avait été prononcée contre les trois autres officiers.

On entendit bientôt après le bruit d'un tombereau qui s'avançait dans la cour, et quelques minutes plus tard les trois condamnés payaient de leur sang, sur la nouvelle place de la Liberté, leur fidélité à la discipline.

L'ère de la terreur venait de s'ouvrir à Brest.

LETTRE XXIV.

Jean Bon Saint-André est envoyé à Brest. — Changement des magistrats révolutionnaires. — Ragmey, Douzé-Verteuil, le substitut J. Bonnet. — Assassinat de Patrice.

Mais il fallait, pour opérer le changement total qu'on voulait faire dans l'esprit public, des hommes qui joignissent à la ferveur d'un républicanisme éprouvé la science et l'autorité indispensables pour neutraliser les ferments du fédéralisme à Brest, et pour organiser les ressources maritimes de la France.

La Convention chercha long-temps. Elle crut enfin les avoir trouvés dans Prieur de la Marne et Jean Bon Saint-André.

Ce dernier surtout lui parut devoir satisfaire mieux qu'aucun autre aux exigences du moment.

Saint-André, toutefois, ne réunissait pas toutes les qualités désirables. Plutôt homme de paroles que d'exécution, il promettait en général plus qu'il n'avait la possibilité de tenir.

Il n'offrait donc que des garanties insuffisantes pour l'œuvre difficile qui allait lui être confiée.

Ce n'était pas assez d'un tel agent ; il était indispensable de l'assister de caractères vigoureux qui pussent, en le stimulant, le faire tenir ferme dans la ligne qu'il avait à suivre.

On se plaignait amèrement des principaux magistrats que Leignelot avait choisis.

Grand-Jean était hautement accusé d'avoir épargné des coupables, mu par un intérêt sordide.

Victor Hugues lui-même, comme si sa force eût expiré en quittant Rochefort, n'était plus que l'ombre de son passé.

Deux hommes venaient d'être compromis dans l'un de ces complots, vrais ou faux, qu'on dénonçait à toute heure.

Malgré les torts qu'il leur supposait, Robespierre les savait pleins de foi dans le nouvel ordre de choses ; ce furent eux qu'il désigna.

Ragmey, juge à Paris, fut nommé président à Brest à la place de Grand-Jean ;

Donzé-Verteuil succéda à Victor Hugues.

On lui adjoignit plus tard, comme substitut, le secrétaire du représentant, Bonnet, élève et ami de Fouquier-Tainville.

— La ville de Brest subissait l'influence des hommes qui avaient eu mission de la révolutionner.

Les clubs s'agitaient avec violence.

Les prisons regorgeaient de captifs ; tout ce qui portait un nom honorable était devenu suspect.

Les fonctionnaires n'avaient plus qu'un pouvoir incertain sur ces nombreux ouvriers dont l'insolence allait croissant chaque jour.

En vain les membres de la municipalité s'efforçaient-ils, en intervenant, au péril de leur vie, de s'opposer au désordre, rien n'enchaînait cette soif de liberté licencieuse, cette rage d'égalité absolue qui étaient dans l'air et qui semblaient passionner les esprits.

Quelques équipages des vaisseaux mouillés sur la rade, brisant les liens de l'ancienne discipline, se montraient plus que jamais disposés à braver l'autorité des nouveaux officiers qui leur avaient été donnés.

D'ailleurs, leur contact journalier avec les perturbateurs de la cité, les félicitations qu'ils en recevaient pour toutes leurs mutineries, les encourageaient à persévérer dans leur déplorable conduite.

Des clubs avaient été institués à bord de tous les bâtiments et l'on n'y ménageait personne, pas plus l'amiral que les commandants et leurs états-majors.

Le départ de la flotte était annoncé. Ordre lui avait été donné de prendre la mer pour favoriser l'entrée d'un convoi qu'on attendait et qu'on craignait de voir enlevé par l'escadre de Howe, mais les dernières instructions de Villaret-Joyeuse n'arrivaient pas.

Tout était sombre et menaçant dans Brest.

Le bruit avait circulé que les ouvriers de l'arsenal, aidés des marins de la division, devaient s'emparer des dépôts d'armes, briser les chaînes des forçats et procéder avec eux au massacre des prisonniers.

On s'attendait à quelque tragique événement qui devait être le point de départ d'une insurrection générale.

Un jour, le rappel battit. Tandis que la garnison se groupait en armes, on vit promener par les rues une foule immense de gens du peuple, hommes, femmes, enfants, ouvriers, matelots, paysans, poussant des cris de : *Mort aux aristocrates* !

C'était le commencement du grand drame projeté. C'étaient les agitateurs, les héros du jour.

Au milieu d'eux, se montrait un homme de grande taille, espèce de paysan en guenille qui, de ses mains teintes de sang, soutenait une longue perche à l'extrémité de laquelle se balançait une tête aplatie, pâle et défigurée.

Ce paysan, c'était l'étranger Caron; cette tête, c'était celle de l'infortuné Patrice.

Depuis long-temps suspect aux hommes de trouble, le lieutenant Patrice, une heure avant, avait été accusé par eux d'avoir osé flétrir la sainte montagne par quelques lignes obscènes, écrites sur le mur d'un café.

Des soldats de marine l'insultèrent d'abord, puis passant de l'insulte aux coups, le renversèrent et le foulèrent aux pieds.

L'un d'eux lui brisa le crâne avec une table de marbre qu'il fit tomber sur lui, et quelques instants après, la populace ameutée dansait la carmagnole autour de son cadavre, tandis que Caron lui sciait la tête et s'en faisait un drapeau.

Heureusement la mèche du complot, dont cet horrible homicide n'était que le signal, avait été éventée.

Des mesures avaient pu être prises à temps. La populace fut dispersée; Caron disparut sans qu'on ait pu depuis retrouver ses traces; force resta à la loi.

LETTRE XXV.

Exécution des membres du conseil du département, de Raby, des membres du conseil de la commune.

Le 1er prairial, les vingt-six membres du conseil du département, Kergariou, Brichet, Aimez, Morvan; Guillier, Bergevin, Dubois, Doucin, l'évêque Expilly, Herpeu, Merienne, Malmanche, Banniat, Le Pennec, Le Thou, Deniel, Moulin, Le Gac, Piclet, Le Denmat, Derrien, Postic, Cuny, Le Prédour, Daniel, Kersaux, comparaissaient devant le sanglant tribunal.

On les avait fait asseoir sur des gradins, chacun ayant à ses côtés deux gendarmes que devaient soutenir, au besoin, de nombreux piquets de l'armée révolutionnaire placés à toutes les issues de l'auditoire.

Les débats durèrent trois jours.

L'avocat Lebir fut arrêté, dès le début de sa plaidoirie, par un farouche avertissement du président.

L'audience terminée,

« Est-il constant, dit Ragmey, qu'il a existé un com- » plot contre la liberté du peuple français, tendant à » allumer le feu de la guerre civile en provoquant les » citoyens à la révolte contre l'autorité légitime de la » représentation nationale?

» — Les accusés ici présents sont-ils convaincus d'être » auteurs ou complices de ladite conspiration ? »

Le jury se retira dans la chambre des délibérations. Trois heures s'écoulèrent ; mais, avant qu'il fût rentré dans la salle, le public effrayé put entendre entrer dans la cour qui avoisinait le tribunal les charrettes de réquisition demandées par l'exécuteur des hautes œuvres.

Enfin l'audience fut reprise.

La première question, celle du complot, était résolue, à l'unanimité, dans le sens de l'affirmative.

Sur la deuxième, la majorité avait trouvé des circonstances atténuantes en faveur de Derrien, Postic, Cuny, Le Prédour, Daniel et Le Thou.

Les vingt autres prévenus étaient condamnés à la peine capitale.

Le prononcé du jury fut proclamé.

Après que Bonnet eut fait son réquisitoire, le président ordonna :

« Qu'à la diligence de l'accusateur public, le présent » jugement serait exécuté, sur la place du Triomphe-» du-Peuple (place du Château). »

— Sept jours après, le 10 prairial, Raby avait été exécuté.

— On croyait en avoir fini avec les excès de la terreur. Brest cependant continuait à voir conduire et écrouer au château ses citoyens les plus honorables.

Les conseillers de la commune furent enfin, à leur tour, décrétés d'accusation.

Malassis avait eu le temps de se dérober, par la fuite, à la fureur révolutionnaire ; mais les autres, surpris dans leurs demeures, n'avaient même pas songé à la résistance. Ils s'étaient inclinés avec respect devant l'ordre qui leur avait été présenté.

Le 25 messidor an II, Beauvacher, Daniel-Ducoloë, Mauviel, Thépault-Dubreignon, Binard jeune, Magnan, Sivinian, Le Bronsort, Rideau, Toullec, étaient donc assis à leur tour sur le banc des accusés politiques.

A six heures du soir, Beauvacher, Daniel-Ducoloë, Mauviel, Thépault-Dubreignon, Binard, Magnan, Sivinian étaient acquittés et placés toutefois sous la surveillance de la police. Rideau, Le Bronsort et Toullec, déclarés coupables sur tous les chefs, étaient condamnés à mort.

— Il faisait nuit. On entendait le pas régulier des troupes de la garnison qui venaient se masser sur la place du Triomphe-du-Peuple.

Toutes les portes étaient fermées, toutes les croisées closes, toutes les lumières éteintes.

La place où devait avoir lieu l'exécution était seule illuminée comme pour un jour de fête.

On entendait murmurer d'impatience la foule des misérables que les troupes contenaient à peine.

Une lugubre clarté qui apparut comme un phare funèbre à l'extrémité de la rue du Château, attira soudain tous les regards.

C'était en effet les condamnés que portait le fatal tombereau. Ragmey et Bonnet avaient ordonné qu'il avançât lentement à travers les principales rues de la ville pour que chacun pût le voir à l'aise, et pour que le supplice des victimes fût doublé par l'attente.

Huit heures sonnaient quand le convoi déboucha sur la place. Le Bronsort, Rideau et Toullec étaient debout sur la sanglante charrette. Ils avaient les mains étroitement liées.

Ils étaient arrivés au pied de l'échafaud.

Le tambour battit, une minute après la tête de Rideau était tombée.

Mais le vent avait subitement éteint la plupart des torches qui éclairaient la scène.

La foule ne voyait qu'imparfaitement l'affreux spectacle auquel elle avait été convoquée. L'exécuteur lui-même ne distinguait plus nettement le visage des victimes.

Le Bronsort montait les degrés.

— Je n'y vois plus, dit Hans.

— Attends ! répondit Toullec, dont les mains venaient d'être détachées, en montant sur la plate-forme et en arrachant la torche qu'apportait un des aides du bourreau.

— Il ne faut pas qu'on croie que nous avons pu pâlir.

Le Bronsort était mort calme et serein.

Toullec prit sa place. Trois fois le couteau s'ébrécha sur les vertèbres de son cou. Il ne poussa pas un cri, il ne fit pas entendre un soupir.

A huit heures onze minutes, les lumières s'éteignirent tout-à-fait, la justice révolutionnaire était satisfaite.

— Vingt-cinq jours après l'exécution des membres de la commune éclatait le 10 thermidor.

Robespierre succombait sous les efforts réunis de Tallien et de Barrère.

L'ère de la terreur se fermait à Brest, comme dans toutes les cités de la France:

58 personnes avaient été exécutées dans ses murs; 4 avaient été condamnées aux fers; 9 à la déportation; 20 à la détention; 60 avaient été acquittées par le tribunal révolutionnaire.

LETTRE XXVI.

Brest durant la première et la deuxième Restauration. — Brest en 1830 et après le coup d'Etat du 2 décembre.

De 1800 à 1814, Brest fut une ville à peu près oubliée en dépit de son dévoûment au Consulat et à l'Empire.

Tout y demeura stationnaire.

Sa population ne s'accrut point.

Au premier retour des Bourbons, elle eut, durant quelques mois, sa terreur blanche. Une foule d'officiers furent rayés des cadres.

L'audacieuse rentrée de Napoléon changea la face des choses, mais la deuxième Restauration ramena ceux que le 20 mars avait de nouveau exilés dans leurs retraites.

On craignait tout d'une réaction imminente; Brest eut le bonheur d'échapper aux désordres provoqués par la haine des partis.

Il faut le dire tout haut pour être juste, les principaux fonctionnaires, partisans enthousiastes du nouveau régime, furent les premiers à combattre et à neutraliser les passions furieuses qui menaçaient de déborder.

L'amiral Bernard de Marigny, préfet maritime, s'honora par une conduite ferme et courageuse en opposant la digue de son autorité à la colère des fanatiques.

« Monsieur, dit-il un jour à un officier qui lui présentait une liste de *camarades* à destituer :

» Ces hommes là, puisqu'il vous plaît de les appeler
» ainsi, ont tenu haut le drapeau de la France. Ils ont
» peine à croire que nous puissions faire comme eux.
» Il faut leur prouver le contraire. Il faut leur prouver
» surtout que s'ils ont été de braves gens, nous sommes
» nous des gens d'honneur. Il n'y a que les lâches qui
» frappent dans l'ombre.» Et il déchira le papier qui lui était présenté.

Le colonel Cadoudal, de son côté, frère de celui qui joua si résolument sa tête, mérita plus tard par sa loyauté, par la noblesse de son caractère, l'estime et la reconnaissance de nos concitoyens.

On aime à signaler les conduites honorables à une époque où le moindre appui donné aux mauvaises passions eut allumé le flambeau des discordes civiles.

— Dès 1818, l'école dite libérale compta à Brest de chauds partisans.

A dater de ce moment, la ville s'associa à toutes les intrigues, à toutes les démarches occultes des agitateurs.

Elle prit sa part de la grande conjuration de Bretagne, du complot du général Berton, qui demeura quelque temps dans ses murs et reçut le serment de ses principaux partisans dans une auberge située sur la route de Landerneau, le *Chapeau-Rouge*, tenu par un ancien militaire appelé Le Mire.

Elle eut ses émeutes successives au cri de : *Vive la Charte!* charivarisa le procureur général Bellard; solennisa l'entrée de ses députés par des ovations populaires; pendit en effigie les missionnaires envoyés pour la convertir ; eut pour garnison des soldats étrangers : les Hohenloc et les Suisses, et se fit enfin noter comme une des villes noires de la France.

La révolution de 1830 fut accueillie par elle avec ivresse.

Elle applaudit enfin au 2 décembre, qui plaçait au timon de l'Etat le seul homme capable de le gouverner dans ces temps difficiles.

BREST DE NOS JOURS.

LETTRE XXVII.

Position géographique de Brest. — Météorologie. — Maladies.

Brest est située par 48° 25' 22" de latitude et par 6° 49' 42" de longitude ouest.

Elle est distante de Paris de 564 kilomètres.

Assise sur un promontoire, Brest est constamment battue des vents. Pendant l'hiver, le nord-ouest, l'ouest, le sud-ouest y soufflent avec une extrême violence. Les navires de l'Etat rompent parfois leurs chaînes.

Presque toujours avec le sud-ouest tombent des pluies battantes. On a cependant calomnié Brest en la donnant comme la ville où il tombe le plus d'eau.

Un tableau comparatif que j'ai sous les yeux démontre en effet que plusieurs autres cités du royaume, et particulièrement Paris, ne reçoivent pas moins de pluie qu'elle.

Il tonne rarement à Brest.

Le froid qu'amènent les vents du nord à l'est, est rarement excessif.

Le thermomètre ne descend guère au-delà de six degrés.

Le ciel est rarement bleu à Brest. Presque toujours des nuages d'un gris sombre chargent l'horizon.

Le printemps est tardif, l'été sans chaleur continue, l'automne habituellement humide.

Chaque jour, surtout dans les saisons moyennes, le printemps et l'automne, se manifestent de brusques changements de température.

Les angines, les fièvres muqueuses, toutes ces fièvres graves auxquelles on donne aujourd'hui l'épithète générique de Typhoïdes, les affections de poitrine surtout, sont fréquentes et opiniâtres à Brest.

Il ne faut pas toutefois s'exagérer le danger du climat. Les tables mortuaires de la France ne sont pas plus chargées en ce qui concerne cette cité qu'en ce qui touche toutes les autres villes ayant la même population.

Seulement, il y a comparativement un peu plus de malades à Brest que partout ailleurs.

LETTRE XXVIII.

Importance civile, militaire et commerciale de Brest.

Brest est la ville principale du Finistère, bien qu'elle ne soit qu'une sous-préfecture.

Elle compte trois cures du culte catholique romain : Saint-Louis, Saint-Sauveur et Notre-Dame-du-Mont-Carmel.

Il y a à Brest un temple et un pasteur protestants et un officier de synagogue faisant fonctions de Rabbin du culte israëlique.

Brest est dans le domaine ecclésiastique de l'évêché de Quimper et de Saint-Pol-de-Léon.

On trouve dans cette ville : un tribunal de première instance, — une intendance sanitaire, — une recette générale, — une direction télégraphique, — une direction des postes, — une direction, une inspection et une principalité des douanes, — une inspection de l'enregistrement et des domaines, une conservation des hypothèques, une direction d'arrondissement des contributions indirectes.

Brest est le chef-lieu d'une préfecture maritime et le chef-lieu d'une subdivision militaire.

Un vice-amiral, un contre-amiral, quarante capitaines de vaisseau, soixante-quinze capitaines de frégate, deux cent dix-sept lieutenants de vaisseau, deux cent vingt-cinq enseignes, un commissaire général, un inspecteur en chef, un directeur d'artillerie, un directeur du port, un directeur des constructions navales, un directeur des travaux hydrauliques, un directeur du service de santé avec un nombreux corps d'officiers sous leurs ordres, sont affectés au port de Brest.

La place compte : un général de brigade, un colonel-commandant, un directeur des fortifications, un directeur d'artillerie, un sous-intendant.

Elle est rangée dans les villes fortes de 1re classe.

Brest, enfin, comme cité commerçante, possède : un tribunal et une chambre de commerce, une banque, un comptoir d'escompte, une compagnie d'agents de change, des consulats étrangers.

Il y a foire à Brest le premier lundi de chaque mois, grands marchés tous les mardis et vendredis, et marché tous les jours.

LETTRE XXIX.

Brest, — Les accidents de son terrain, — Ses maisons, — Ses rues, — Ses nouveaux quartiers, — Sa mairie, — Ses églises, — Son hôtel Saint-Pierre, — Son théâtre, — Son tribunal, — Sa halle, — Son lycée, — Ses fontaines, — Ses promenades, — Ses établissements de bienfaisance.

Brest occupe, sur la rive droite, de l'est à l'ouest, trois collines qui descendent en pente fort rapide l'une vers l'autre, et forment ainsi deux entonnoirs adossés, au fond desquels se trouve une partie de la cité, disposition qui peut être pittoresque, mais qui est pleine d'inconvénients de tout genre.

Pour n'en citer qu'un seul, lorsque tombent les grandes pluies d'hiver, les eaux qui s'épanchent des parties hautes vers le point le plus abaissé du sol y forment une sorte de lac difficile à franchir, et qui entretient dans les maisons circonvoisines une humidité dangereuse.

Sur la rive gauche, les accidents de terrain, sans être les mêmes, ne sont pas plus avantageux.

La ville neuve est sur un plateau assez régulier, il est vrai, mais, pour aller du Champ-de-Bataille au milieu de la rue de Siam, de celle-ci à la rue du Bras-d'Or, il faut descendre des rampes à grande pente ou des escaliers sans fin.

Pour déboucher de la rue de Siam dans la Grande-Rue, de la rue des Mal-Chaussés à la grille principale du port, de la rue du Petit-Moulin au quai Tourville, ce sont encore les mêmes dispositions du sol que l'on rencontre.

La rue Royale est comme un ravin qu'encaissent de chaque côté des voies de communication étagées, pour ainsi dire, sur ses flancs.

Le faîte des maisons les plus élevées de la rue Royale est à peine au niveau des rez-de-chaussées de la rue Saint-Yves.

Il est aisé de comprendre que cet état des lieux, qui n'a rien de flatteur pour l'œil, nuit étrangement à la facilité des relations et a des inconvénients sérieux au point de vue de la salubrité.

Les habitations des bas quartiers, étroites, resserrées, sombres, entassées l'une sur l'autre, sont humides et malsaines. Les rues qui les longent sont tortueuses, sans lumière suffisante et pleines d'un air vicié.

Mais tout le plateau du Champ-de-Bataille est remarquable, sinon d'élégance, au moins de régularité.

Les voies neuves d'Aiguillon, de la Rampe prolongée du château, de Voltaire, de Duguay-Trouin, sont bien percées, spacieuses et commodes.

Les deux extrémités de la rue de la Mairie étaient autrefois scindées par une vallée profonde et escarpée.

On les réunit, il y a une centaine d'années, par une chaussée qu'on appela Pont-de-Terre.

Sur l'un des revers de cette chaussée était un enfoncement considérable, occupé, encore en 1832, par la partie la plus misérable de la population.

Cette énorme excavation, véritable sentine d'où s'exhalaient des miasmes délétères, a été comblée depuis peu et a donné naissance au nouveau quartier Latour-d'Auvergne, le plus symétrique et le plus élégant, sans contredit, de tous ceux qui composent la cité.

Le quartier Foy, ouvert en 182...., et qui passait alors pour la Chaussée-d'Antin de la ville, est régulièrement bâti, mais il est froid, humide et sombre.

Brest, la dixième ville du royaume, n'a pas un monument moderne, si l'on excepte la grande caserne de la marine, l'ancienne demeure des Pères Jésuites et l'hôpital Clermont-Tonnerre.

Sa mairie fait honte à une cité de son ordre. Ses églises sont d'un style bâtard. Son hôtel Saint-Pierre n'est point achevé. Sa halle est un bâtiment bien construit, mais massif et sans goût. Son collége est sombre et entassé sur lui-même. Son tribunal n'a pas le caractère qu'il comporte. Son théâtre est lourd et disgrâcieux.

Sa chambre de commerce fait à peine soupçonner sa destination. Ses fontaines sont, pour la plupart, d'une architecture incroyable.

Il y a cependant des hommes d'un véritable talent à Brest. On a donc droit de s'étonner que l'art, si fécond partout ailleurs, soit demeuré chez nous à l'état d'impuissance.

Mais, si l'on peut, avec raison, critiquer la plupart des édifices de la cité bretonne, il faut rendre hommage à ses promenades intérieures.

Celle du Champ-de-Bataille est régulière et bien plantée ; celle de D'Ajot est admirable.

Il est difficile de voir nulle part une situation mieux choisie que celle de ce cours, planté de quatre rangées de grands arbres, dont les branches forment voûte au-dessus des promeneurs, et d'où la vue s'étend sur l'une des rades les plus vastes et les plus magnifiques du monde.

A chaque extrémité du cours se trouve un beau groupe de Coysevox, donné par le premier consul.

Si Brest ville n'a que peu de monuments, elle compte du moins un grand nombre d'établissements utiles, et qui attestent au plus haut point la philanthropie dont elle est animée.

La classe pauvre a, depuis quelques années surtout, éveillé d'une manière toute particulière la sollicitude de l'administration.

En 1818, il avait été institué déjà une école élémentaire qui pouvait recevoir deux cent cinquante élèves ; en 1852 et 53, des salles d'asile ont été créées à Brest et à Recouvrance. Un mont-de-piété, fondé par ordonnance royale, fonctionne depuis 1826 ; une caisse d'épargne est ouverte depuis 1851; enfin une foule de sociétés saintes, en s'occupant de moraliser les classes peu aisées, en leur fournissant le travail, ce pain du corps, et l'instruction religieuse, ce pain de l'âme, ont achevé l'œuvre de haute charité commencée par la commune.

En résumé, on peut critiquer Brest pour sa mesquinerie architecturale ; mais il faut l'asseoir au premier rang des cités pour sa paternelle et bienveillante administration.

LETTRE XXX.

Hospice civil, — Dispensaire. — Hôpital militaire, — Jardin botanique, — Cabinet d'histoire naturelle, — Bibliothèque.

Brest a un hospice civil, construit en 1691, qu'administre avec talent et sollicitude une commission présidée par le maire, et dont le service médical est dirigé par un praticien instruit, habile et expérimenté.

Un dispensaire est joint aujourd'hui à cet établissement.

On peut justement reprocher à l'hospice civil de n'être plus en rapport avec les nécessités croissantes de la population ; et, sans vouloir blâmer les actes de la commune, peut-être a-t-on quelque droit de s'étonner que le vaste terrain situé en dehors de l'enceinte, et devenu aujourd'hui sa propriété, ne soit pas consacré par elle à la fondation d'un bâtiment plus vaste et mieux approprié aux besoins de la cité.

Le dispensaire, établi depuis quelques années, a rendu à la ville d'incontestables services.

Il était d'urgence dans une cité toute maritime et militaire ; mais il n'a pas atteint tout-à-fait encore le but auquel il devait tendre. Le nombre des lits qui lui sont affectés est manifestement insuffisant.

S'il y a quelques observations critiques à faire sur l'hospice civil et le dispensaire, il n'y a que des éloges à donner à l'hôpital maritime, vaste et somptueux bâtiment où règne un ordre admirable, une régularité parfaite, et qui ne laisse rien à désirer, depuis qu'on a eu la sage précaution de garnir de châssis vitrés ses longues galeries, autrefois sans défense contre les vicissitudes atmosphériques.

Cet hôpital, qui peut contenir aisément douze cents malades, et où sont indifféremment reçus les marins de la flotte et les militaires de la garnison, est le siége d'une des principales Ecoles de médecine navale.

Le service administratif de l'établissement est dans les attributions spéciales du commissariat, de qui relèvent les sœurs, responsables du service économique, et les servants préposés aux soins des malades et à tous les travaux de propreté.

Le service médico-chirurgical et pharmaceutique est confié aux chirurgiens et aux pharmaciens de première, de deuxième et de troisième classe de la marine, dirigeant de nombreux élèves sous la surveillance immédiate des officiers supérieurs du corps, dont quelques-uns sont en même temps chargés des différents cours, et sous l'autorité du président du conseil de santé, directeur.

On a beaucoup controversé sur l'organisation des officiers de santé de la marine.

Le mode suivi pour l'avancement par voie exclusive de concours, l'assimilation plus intime du corps aux autres corps de la marine, ont donné lieu à des polémiques qui n'ont abouti qu'à des résultats à peu près nuls.

Soyons justes cependant. La création des directeurs de santé dans les ports, celle des médecins principaux, sont des actes dont il faut savoir se montrer reconnaissant, d'autant plus que le Ministre, qui les a provoqués, a eu à lutter contre des préventions déplorables, des entêtements systématiques pleins d'opiniâtreté.

En définitive, la voie du progrès est ouverte : il arrivera infailliblement, un jour, que le corps des officiers de santé obtiendra tout ce à quoi il a droit d'aspirer pour prix de ses services, les plus rudes et les moins rémunérés, sans contredit, de tous ceux qui sont le partage des marins.....

Il manque aux Ecoles de médecine navale une chaire d'hygiène, la plus essentielle, sans contredit, pour l'éducation des officiers de santé navigateurs, qui, avant d'apprendre à guérir les maladies, devraient être instruits des moyens de les prévenir.

Un jardin botanique, un cabinet d'histoire naturelle, une bibliothèque spéciale, sont annexés à l'hôpital de la marine.

Le jardin botanique, fondé en 1768 par MM. Courcelles et Poissonnier, est entretenu avec soin, mais peu riche.

Le cabinet d'histoire naturelle pourrait l'être, si les médecins de la marine voulaient y déposer, chaque année, le dixième seulement des nombreuses collections qu'ils entassent ; — la bibliothèque le deviendra infailliblement, si l'administration supérieure continue à la dôter comme elle l'a fait jusqu'à ce jour.

LETTRE XXXI.

Organisation physique des Brestois : — Hommes du peuple, — Puissance musculaire, — Force de vie usée par les excès des spiritueux, — Fécondité de la femme, — L'homme des classes aisées, — Les femmes du monde.

Organisation morale : — Vertus et défauts de l'homme du peuple. — Parallèle entre les marins bretons, les Provençaux, les Gascons et les Basques. — Opinion de Duguay-Trouin et de Château-Renaud. — Opinion de Duguesclin et de Napoléon Ier sur le soldat breton.

Malgré l'atmosphère humide qu'il respire, en dépit d'une hygiène irraisonnée, le Brestois, dans la classe du peuple, est généralement vigoureux.

Plié, dès son enfance, aux plus rudes travaux, il acquiert de bonne heure une force musculaire considérable. Il aurait toutes les chances d'une vie durable et puissante, si ses préjugés invétérés, si l'ivrognerie surtout, ce vice de ses aïeux, n'exerçait pas encore sur lui une déplorable influence.

Chaque jour de paie est, pour l'ouvrier du port, un

jour d'orgie. Peu soucieux de l'avenir, il dépense en quelques heures le fruit de plusieurs semaines de travail, et n'aspire, une fois ses excès finis, qu'au moment où il pourra les recommencer.

La femme du peuple, astreinte comme l'homme à un labeur continu, est habituellement forte comme lui.

Presque jamais elle n'est stérile.

Les femmes de Recouvrance ont eu, de tout temps, une réputation de beauté que le plus grand nombre justifie encore de nos jours.

—L'homme des classes aisées est, comparativement, moins robuste. Moins façonné aux intempéries, il lutte avec moins d'avantage contre le climat.

Elevé, pour ainsi dire, en contact avec l'Océan, il redoute peu ses tempêtes, et presque toujours il parcourt avec succès la carrière maritime, qu'il préfère à toutes les autres.

Les femmes du monde sont en général gracieuses et bien faites.

— Au point de vue intellectuel, le Brestois du peuple est paresseux d'esprit par nature.

Il se livre avec une foi incroyable à quiconque veut l'exploiter. Il est généreux, bon, dévoué, reconnaissant, charitable.

Une fois qu'il s'est pris d'ardeur ou d'enthousiasme pour une croyance, il y persiste avec une opiniâtreté sans égale.

Moins superstitieux que le Bas-Breton de l'intérieur, il s'impressionne néanmoins avec une extrême facilité au récit des événements qui se produisent sans cause nettement appréciable et voit le doigt de Dieu dans tous les faits qu'il ne peut expliquer.

Tout Breton est foncièrement religieux.

Tout Brestois du peuple croit fermement à Notre-Dame-de-Recouvrance et l'invoque avec ferveur au milieu des périls de la mer.

—Brest et ses environs fournissent à la marine militaire et au commerce une partie de leurs meilleurs matelots.

Moins prestes, moins brillants que les marins du midi, moins coquets surtout, les marins de Brest et de ses côtes l'emportent de beaucoup sur les Provençaux, les Gascons et les Basques, par leur courage froid et calme, par leur résignation, par leur discipline, par l'insouciance avec laquelle ils accueillent les tempêtes, par l'intrépidité opiniâtre et sans faste avec laquelle ils affrontent tous les dangers, quelles que soient leur nature et leur durée.

Duguay-Trouin disait :

« Le marin breton n'a pas d'égal. »

Château-Renaud écrivait :

« Les longues, les rudes croisières de l'Océan en hi-
» ver, ne sont faciles qu'avec les matelots bretons.

» Le Provençal, si brillant au feu pendant quelques
» heures, si agile, si prompt à la manœuvre en temps
» ordinaire, se fatigue, se lasse et murmure au milieu
» des tempêtes de longue durée, des combats qui se
» prolongent; le matelot breton s'anime à mesure que
» le danger s'accroît, et se montre toujours plus grand,
» plus résolu, plus opiniâtre que l'ennemi qu'il a à
» combattre. »

Si le marin breton est sans égal, le soldat du vieux duché tient si bien son rang dans l'armée, qu'enchérissant encore sur les paroles de Duguesclin au roi de France :

« Cher Sire, donnez-m'y deux cents lances du bon » pays de Bretaigne, et vous ôterai tous vos ennemis. »

Napoléon Ier disait à son tour :

« Le soldat breton, une fois dégrossi, est le premier » soldat du monde. Je n'en connais pas de plus ferme, » de plus obéissant, de plus résigné, de plus intrépide. » C'est un mur intelligent qui tombe, mais qui ne » recule jamais. »

LETTRE XXXII.

Dissemblance de Brest et des autres villes bretonnes. — Haut rang tenu par la marine. — Communauté des goûts et des habitudes. — Hospitalité. — Réveil religieux. — Moralité. — Bienveillance générale.

Brest n'est plus en réalité une ville bretonne.

Elle n'a plus rien du cachet féodal qui caractérise encore la plupart des cités intérieures du vieux duché.

Elle n'a pas, comme Rennes, comme Guingamp, comme Saint-Pol-de-Léon, ce cachet aristocratique et monacal qui leur donne quelque chose de raide et de guindé.

C'est une véritable colonie où les habitants se renouvellent sans cesse. Sa population est comme la mer qui baigne ses rivages et dont un flot chasse l'autre en effaçant sa trace.

— A Brest, comme au temps passé, le premier personnage, c'est le chef de la marine.

Les officiers des différents corps de la flotte s'y croient chez eux. Brest est leur ville, comme Toulon, comme Rochefort, comme Lorient.

— En dépit des nuances inévitables qui séparent les différentes fractions de la société, la communauté des goûts et des habitudes les relie entre elles.

Aucune cité n'est plus hospitalière.

Nulle part les relations, une fois établies, ne sont plus faciles et plus franches. Nul n'a le visage et le cœur plus ouverts qu'un Brestois, et quand il fait de ces avances qui, dans tant d'autres localités, comme en Espagne, ne sont qu'une formule échappée aux lèvres, on peut y croire et s'y confier.

L'étranger est reçu partout à Brest avec cordialité, pourvu qu'il se recommande lui-même.

—Brest a été long-temps une ville plus que sceptique; mais le voltérianisme, autrefois à la mode, y a fait son temps. Les théories des encyclopédistes n'y ont plus cours que dans certaines vieilles cervelles révolutionnaires. La vieille foi bretonne est rentrée dans nos murs.

Peut-être, sans doute même, c'est à l'élément religieux qui s'est introduit dans l'éducation chez toutes les classes, qu'il faut attribuer l'accord qui règne à peu près partout dans les familles brestoises et la pureté des mœurs en général.

Qu'on y soit plus discret qu'ailleurs, je le veux bien. Mais Brest a à peine une lieue de périmètre. Toutes les familles y sont entassées l'une sur l'autre. Il est bien difficile conséquemment que ce qui échappe à un regard malveillant ne soit pas surpris par un autre. Il faut donc admettre en réalité que Brest n'a pas seulement les apparences de la vertu.

LETTRE XXXIII.

Le mariage en honneur à Brest. — Pourquoi on y préfère les marins. — Vie claustrale des épouses. — Passion pour la promenade et la danse.

L'hymen est en honneur à Brest. On s'y marie généralement jeune. Le marin a besoin de se créer une famille. L'isolement qu'il subit, durant ses longues campagnes, ne l'habitue pas au célibat, comme on pourrait le croire. Cette vie contre nature l'irrite au contraire, et il sent la nécessité de compenser, au moins, par des souvenirs durables qui lui soient chers, le vide d'une existence que l'ambition ne peut remplir.

Il y a peu de ménages de marins qui ne soient heureux.

Une femme de beaucoup d'esprit disait :

« Il y a dans la vie de toutes les épouses le roman et » l'histoire. Il n'y a que les femmes de marins dont la » vie soit un roman perpétuel.

» Pour l'homme de mer, sa compagne est toujours » jeune. Il ne voit pas naître ses rides, il ne compte » pas ses années.

» Elle lui apparaît à travers un prisme qui la lui re- » présente sans cesse telle qu'il l'a aimée.

» Aussi, quand elle compare son sort à celui de ses » contemporaines, enchaînées à des maris sédentaires » et moroses, comment ne préférerait-elle pas son bon- » heur si complet de quelques mois, de quelques jours, » à cette existence monotone et glacée que l'amour » n'échauffe plus que des pâles rayons de son hiver. »

On doit croire que cette doctrine est en faveur à Brest, car la plupart des demoiselles y épousent de préférence des marins.

Elles savent d'ailleurs à quoi l'hymen les engage.

Dès que l'époux est parti, adieu le monde et ses plaisirs. Il faut vivre en récluses. En dehors des réunions de famille, toute société est prohibée pour la femme du marin. On ne lui pardonnerait pas de se montrer dans les fêtes.

Les hommes de mer mariés méritent-ils qu'on se sacrifie ainsi pour eux ?

Ceci est une question embarrassante et indiscrète à laquelle je me permettrai de ne pas répondre.

— Bien que le climat n'y soit pas du tout clément, il est peu de pays où l'on se promène plus qu'à Brest.

L'été, le Champ-de-Bataille et le cours d'Ajot sont encombrés par la foule.

Si la brise de mer ne venait pas y apporter un peu d'air respirable, la police municipale aurait à intervenir pour empêcher une asphyxie générale.

Les jours d'hiver, dès que se montre à travers les nuages un faible rayon du soleil, la population féminine déborde de tout côté, bravant le froid et la bise.

— Depuis le milieu de l'automne jusqu'au jour des Cendres, les soirées dansantes se succèdent sans interruption.

Il n'y a que le soleil du printemps qui triomphe de l'amour du bal.

La femme du monde à Brest, c'est le mouvement perpétuel.

Si le Juif-Errant revivait et voulait faire souche qui lui ressemblât pour l'activité incessante, c'est à Brest qu'il lui faudrait venir prendre une épouse.

Quand le chemin de fer sera fait, nos jeunes filles brestoises iront danser le dimanche à Landerneau, le lundi à Morlaix, le mardi à Quimper, le mercrdi à Lorient, le jeudi à Rennes, le vendredi à Paris, et reviendront tout d'une traite à Brest pour recommencer le samedi dans leur ville natale.

LETTRE XXXIV.

Théâtre. — Cercles. — Journaux de la localité.

Brest a une salle de spectacle qui peut contenir quinze à dix-huit cents personnes.

L'architecte Louis, qui en a donné le plan, ne s'est point illustré par elle.

L'édifice est lourd et de mauvais goût. L'intérieur, cependant, rachète un peu les défauts du dehors.

Quand la salle vient de recevoir une de ces peintures générales qu'on lui octroie de vingt en vingt années, elle peut, somme toute, rivaliser avec la plupart des grandes salles de province.

S'il en est qui sont plus élégantes, il en est infiniment qui ne la valent pas.

On lui reproche avec raison de n'avoir pas assez de portes de dégagement. Si le feu prenait un jour aux décors, alors qu'elle est remplie de spectateurs, on se demande avec effroi ce qu'il adviendrait de la foule engorgeant ses étroits couloirs et les escaliers plus étroits encore qui conduisent à ses parties hautes.

On représente tout à Brest : le grand opéra, la haute comédie, l'opéra comique, le drame, le vaudeville.

Sous la Restauration, le théâtre de Brest était une arène ouverte aux partis.

Plusieurs fois la force armée dut intervenir dans des luttes qui menaçaient de devenir sanglantes.

Le théâtre n'est pas fréquenté à Brest autant qu'il pourrait l'être.

La faute en est aux directeurs. S'ils avaient mieux étudié les goûts du public, ils ne seraient jamais sortis du pays que les mains pleines.

—Brest a enfin une bibliothèque municipale publique. Formée d'abord avec quelque difficulté, elle est déjà aussi riche que possible.

Si Brest n'a pas dans son sein d'association littéraire, ce qui est à regretter, elle a, au moins, trois cercles de lecture.

Ce sont : *les Vêpres*, *l'Emulation* et *la Marine*.

Tous trois se font remarquer par le bon esprit qui les anime et surtout par l'excellent accueil qu'ils font aux étrangers.

La société des Vêpres est la première en date.

L'Emulation a succédé à l'ancienne Académie de 1850. Elle fait encore des cours pour les ouvriers.

Si en entrant aux Vêpres, chaque nouveau sociétaire est tenu de verser aux mains du bureau une somme de 50 fr. pour les pauvres, tous les ans les membres de l'Emulation donnent un bal où se fait la quête en faveur des malheureux.

Pendant quelques années, la société d'Emulation a publié un Annuaire de Brest; il est vivement à regretter que cet annuaire ne paraisse plus.

—Brest a deux journaux d'intérêt local : l'*Armoricain* et l'*Océan*.

Tous deux sont rédigés avec talent et surtout avec convenance.

LETTRE XXXV.

Administration municipale.

La commune de Brest est administrée par un conseil de trente membres élus, sous la présidence du maire.

Si leurs prédécesseurs ont rendu de véritables services à la cité, en y développant le progrès, les conseillers en fonctions depuis le 20 août 1855 ont mérité plus particulièrement sa reconnaissance, soit en s'associant à leur président pour la réalisation d'une foule d'améliorations essentielles, de desseins hautement méritoires, soit en provoquant eux-mêmes des innovations du plus précieux intérêt pour le pays.

Il suffit de parcourir d'ailleurs le remarquable compte moral que vient de publier le premier magistrat de la cité, pour apprécier l'éminent esprit d'ordre, de prévoyance, de sagesse dont le conseil municipal s'est montré animé.

On a peine à comprendre qu'avec des ressources comparativement minimes, il ait pu accomplir tant d'œuvres utiles; on a peut-être plus encore le droit de s'étonner qu'il ait osé, en vue de l'avenir, provoquer les projets capitaux qui sont aujourd'hui en voie d'exécution.

Il n'y a plus à douter du succès qui pouvait paraître incertain d'abord : le pont sur la Penfeld, le port de Portstrein, le chemin de fer et le déplacement des fortifications, qui en est la conséquence, vont ouvrir au pays une nouvelle source de richesse.

Quelques intérêts particuliers auront à souffrir dans le début sans doute, mais il n'est pas même permis de craindre que l'équilibre ne se rétablisse bientôt, sous la main tutélaire d'un gouvernement prévoyant et éclairé.

Avant vingt ans, Brest transformée prendra donc rang parmi les grandes cités commerciales.

LETTRE XXXVI.

Voilà Brest dans son passé et dans son présent.

Je ne crois avoir oublié rien d'essentiel. Vous avez voulu des détails, je vous les ai fournis peut-être sans mesure.

Si j'en avais par hasard négligé quelques-uns, faites-le moi connaître. Vous trouverez, d'ailleurs, à la fin de ce livre, des tableaux statistiques que j'ai l'intention d'emprunter à l'excellent compte-rendu du maire de la ville.

Comme vous pourriez croire également applicables aux deux rives de la Penfeld les mœurs et les usages que je viens de décrire, j'éprouve le besoin consciencieux de vous avertir qu'il faut bien préciser à votre homme d'affaire que c'est exclusivement sur la rive gauche qu'il doit songer à vous trouver un logement.

La lettre que vous recevrez demain vous dira pourquoi il est indispensable qu'il n'y ait pas d'erreur commise à cet égard.

Cette lettre sera la dernière de la série concernant les temps écoulés et actuels.

LETTRE XXXVII.

Caractères différentiels qui séparent Brest et Recouvrance.

Chaque grande ville, de date un peu reculée, se partage nécessairement en deux fractions : la cité ancienne et la cité moderne.

Dans l'une, tout a le cachet, les allures du présent; dans l'autre, tout a conservé dans les lieux, dans les choses, sinon dans les hommes, le caractère des jours qui ne sont plus. Tout a une sorte de teinte antique qui rappelle les temps accomplis.

Ce sont deux générations en présence.

Qu'on y regarde bien, et l'on verra partout, dans les cités remontant au moyen-âge, les caractères différentiels que je viens de signaler.

Presque toujours, néanmoins, il y a une sorte de lien intime entre les deux parties d'une même cité. Il est un point où elles se touchent, une sorte de milieu où elles se fondent et qui participe, pour ainsi dire, de l'une et de l'autre.

Là les deux nuances distinctes se mêlent, c'est le commencement de la fusion absolue qui doit se faire tôt ou tard entre le passé et le présent, et où celui-ci doit nécessairement prévaloir.

A Brest, rien de semblable n'a lieu; Brest est, sous ce rapport, essentiellement exceptionnelle.

L'âge moderne, représenté par la rive gauche, est resté jusqu'à aujourd'hui sans action sur l'âge ancien que représente la rive droite.

Brest et Recouvrance, en dépit de l'édit de Louis XIV, sont restées deux villes distinctes. On dirait deux êtres unis par un mariage forcé ou de convenance qui, malgré leurs efforts, n'ont pu s'entendre et en sont venus à une rupture volontaire sans scandale, après s'être convaincus de leur incompatibilité d'humeur, deux êtres qui, certains de ne pouvoir jamais s'accorder, ont pris la sage et ferme résolution de retourner chacun sous son toit et d'y vivre entièrement étrangers l'un à l'autre.

En étudiant ces deux fractions de la même cité, on dirait, non pas qu'une étroite rivière, mais qu'une vaste mer les sépare.

Brest est depuis long-temps une ville toute française. Recouvrance est restée une cité armoricaine.

La première est une colonie maritime où sont venus habiter des gens de tous les pays; la deuxième n'a qu'une population exclusivement bretonne.

Ne cherchez plus à Brest aucun des usages de nos pères : toute trace du passé y a disparu.

A Recouvrance, au contraire, tout s'est conservé des usages d'autrefois. Le Brestois proprement dit est un métis; le vieil Armoricain, s'il existe encore quelque part dans les villes, ne se trouve plus qu'à Recouvrance.

Personne ne parle plus breton à Brest. L'idiôme du Léonais est toujours le dialecte usuel de la plupart des habitants de Recouvrance.

Brest marche en plein XIXe siècle; Recouvrance n'a pas encore absolument franchi le XVIIe.

Le dirai-je, enfin, il y a entre la rive gauche et la rive droite une inimitié sourde, un reste de cet antagonisme existant autrefois entre la France et la Bretagne : l'habitant de Recouvrance est tout prêt, à l'occasion, à manifester à celui de Brest cette antipathie originelle qui armait, au temps passé, l'Armoricain contre l'homme des Gaules.

Recouvrance est une ville à l'index. Il y a deux cents familles de Brest qui n'y ont jamais mis le pied, et qui croient fermement qu'on ne peut y aller sans se compromettre.

Hâtons-nous cependant de le dire, les préventions contre cette honorable fraction de la ville sont certainement ridicules à force d'être exagérées.

Si la rive droite n'est pas élégante comme la rive gauche ; si un fashionable en bottes vernies, une femme en cachemire, y font l'effet d'une comète, les mœurs de l'antique Sainte-Catherine sont restées éminemment patriarcales.

Brest est une femme un peu coquette, essentiellement vaniteuse; Recouvrance est une fille révérentieuse et modeste.

La première découvre volontiers le bas de sa jambe; l'autre rougirait jusqu'au blanc des yeux, si elle croyait qu'on pût voir seulement sa cheville.

Brest, c'est la fille du second lit qui a hérité de toute la prétention turbulente et orgueilleuse de sa mère.

Recouvrance, c'est la vieille fille qui se lamente, qui pleure, et qui s'efforce, par son humilité et sa componction, d'obtenir que le ciel ne se ferme pas un jour sans miséricorde à celle qui la méprise et en fait son jouet.

La municipalité est depuis long-temps préoccupée du meilleur moyen de raccommoder les deux sœurs. Je vous dirai bientôt à quel parti elle s'est enfin arrêtée.

Mais, avant que la réconciliation soit opérée, gardez-vous bien d'aller demeurer sur la rive droite.

Vous y mourriez infailliblement de marasme et d'ennui.

DE L'AVENIR DE BREST.

LETTRE XXXVIII.

Je vous ai dit, en terminant ma dernière lettre, que l'administration, sentant la nécessité de ne pas laisser plus long-temps Recouvrance dans un regrettable abandon, avait enfin résolu de l'unir plus étroitement à Brest, et de lui faire partager les avantages qui, jusqu'à ce jour, ont été exclusivement réservés à cette dernière fraction de la cité.

La réhabilitation morale de la rive droite n'est pas la seule grande pensée dont on se préoccupe.

Brest, malgré sa position riveraine, ne compte encore que comme port de guerre; Brest n'est qu'un infiniment petit dans les villes commerçantes et manufacturières du royaume.

Dans l'opinion la plus générale, ce rôle secondaire n'est pas celui qui lui convient, et, à force de démarches, encouragées d'ailleurs par l'autorité supérieure, la municipalité est parvenue à faire accueillir trois projets, dont deux sont déjà en cours d'exécution, et dont le troisième ne peut manquer de se réaliser dans un temps prochain.

Ainsi, Brest va non seulement s'unir à Recouvrance par un pont jeté sur la Penfeld; Brest va se relier à Paris par une voie ferrée; Brest va enfin ouvrir sur ses rivages, à Portstrein, un port de commerce qui promet une rivalité redoutable à tous les ports marchands de l'Océan français et de la Manche.

Au premier aperçu de ces projets magnifiques, on se sent tout d'abord pris d'enthousiasme pour leurs auteurs; mais, quand on a fait taire l'esprit de clocher, on en vient à se demander si, dans leur amour du bien public, nos magistrats ont bien calculé toutes les chances bonnes ou mauvaises, s'ils n'ont pas surtout été entraînés à dépasser sur quelques points les limites que prescrivait la prudence; si, en résumé, l'avenir qui s'ouvre pour Brest est bien un avenir fécond d'où naîtront infailliblement le mieux être et la fortune de ses habitants.

Il ne faut sans doute pas s'arrêter aux paroles alarmantes de certaines gens pessimistes quand même, qui voient le mal partout, qui se font un devoir de censurer et de condamner par avance tout ce qui n'est pas sorti de leur étroite cervelle; espèce retardataire par habitude et par tempérament pour qui tout progrès est un malheur.

Mais, d'autre part, il convient de se défendre des embûches de l'amour-propre, des préoccupations étroites du personnalisme. Il ne faut pas oublier, en un mot, que Brest n'est qu'une ville de la France et perdre de vue pour elle le légitime intérêt qui doit s'attacher à toutes les autres.

Nous avons froidement étudié la question; nous croyons pouvoir émettre une opinion consciencieuse. Nous allons donc dire sans réserve ce que nous pensons des trois grandes créations modernes :

Le pont, — le port, — le chemin de fer.

LETTRE XXXIX.

Le sujet est grave. On conçoit qu'il ait pu, qu'il ait dû susciter bien des controverses, et qu'il se soit trouvé une foule de personnes qui n'aient vu qu'avec appréhension, qu'avec effroi même, les projets audacieux de la municipalité actuelle.

Plusieurs d'entre elles dont la bonne foi, dont le jugement, dont la haute intelligence ne sauraient un instant être mis en doute, n'ont point balancé à se déclarer contre ses desseins, et les arguments que chacune a fait valoir auraient assurément pu arrêter d'abord une administration moins hardie.

Nous aussi, nous ne le tairons pas, nous avons hésité. Un examen approfondi, toutefois, nous a rangé à l'opinion de la magistrature urbaine.

Nous ne conservons plus aucun doute aujourd'hui sur le succès qu'elle doit recueillir de ses efforts et de son initiative, et nous avons l'espoir qu'en mettant sous les yeux du lecteur les considérations qui nous ont conduit à partager les croyances de la commune, nous ramènerons à notre sentiment, sinon la totalité, au moins le plus grand nombre de nos concitoyens.

Nous pouvons nous tromper cependant ; nous allons donc procéder de manière à donner à chacun la possibilité d'asseoir une opinion favorable ou défavorable aux projets, en ne dissimulant aucune des objections qui ont été présentées ou qui auraient pu être faites, et en les combattant l'une après l'autre.

Le bon sens public appréciera de quel côté il convient de faire incliner la balance de la raison et de la justice.

Pont.

Le pont, dont les assises sont déjà placées, unira plus intimement les deux rives ;

Abolira le péage existant, qui ne laisse pas que d'être onéreux à la population ;

Supprimera les bateaux immondes, qui datent de Louis XIV, et qui font honte à un pays civilisé ;

Déterminera enfin Recouvrance à sortir de l'ornière, à dépouiller des coutumes surannées.

— Mais était-il nécessaire que ce pont eût, dès aujourd'hui, le caractère monumental qu'on tient à lui donner ?

— Pour l'établir dans les conditions qu'il comporte, ne va-t-on pas faire encourir à une partie de la population les chances d'un surcroît de gêne et de misère ?

— Une partie des fonds si généreusement alloués par l'Etat n'auraient-ils pas pu être employés plus judicieusement encore ?

— Enfin, est-on bien sûr que ce pont colossal présentera toutes les garanties de durée qu'implique nécessairement sa dépense ?

Telles sont les quatre questions qui sont parmi nous à l'ordre du jour.

Opinion des opposants.

On conçoit, à la rigueur, qu'une ville qui compte parmi les premières du royaume, à qui l'on peut reprocher de n'avoir aucun monument moderne en rapport avec son importance, n'ait pas voulu justifier, en quelque sorte, les critiques auxquelles elle est en butte, en négligeant de donner au nouvel édifice un certain caractère de grandeur qui témoigne au moins de son désir de s'assimiler aux autres cités de son rang.

Mais si l'orgueil de notre municipalité est, en apparence, légitime, ne s'est-elle pas laissée entraîner, en réalité, à une démarche regrettable ?

A-t-elle bien pesé toutes les conditions qu'elle va avoir à subir pour donner à l'œuvre qu'elle a commencée tous les accessoires indispensables qu'elle comporte ?

Que serait un monument pareil à celui qu'on va ériger, s'il était perdu et étouffé au milieu des masures ?

Il va donc falloir, pour lui donner l'air et l'espace nécessaires, beaucoup abattre aux abords du quai Jean-Bart et du quai Tourville.

Or, les quartiers qu'on devra immoler sont précisément ceux où logent et s'entassent les gens du menu peuple, en raison du prix peu élevé des loyers.

Qu'adviendra-t-il de ces malheureux, quand ils n'auront plus d'asile ?

Nous savons bien que la spéculation interviendra, que de nouvelles maisons ne tarderont pas à s'élever, mais, en attendant, où iront-ils s'abriter contre les intempéries ?

D'ailleurs, les terrains qui resteront disponibles ne seront certes pas consacrés à des logis semblables à ceux qu'il va falloir détruire ; les quartiers neufs voudront s'harmoniser nécessairement avec le pont, ne pas faire disparate avec lui. Ils ne pourront s'ouvrir, conséquemment, qu'à des prix qui seront incompatibles avec les minces revenus de l'ouvrier ; il devra donc, d'urgence, transporter ses foyers ailleurs.

Ne perdons pas de vue ce qui vient de se produire dans la capitale. Le prolongement de la rue de Rivoli, le boulevard Victoria, le boulevard de Sébastopol, sont de magnifiques créations sans doute, mais à quel prix Paris s'en est-il doté ?

N'a-t-il pas fallu que l'Empereur intervint, dans sa sollicitude, pour assurer aux artisans de sa capitale le couvert qui leur manquait ? N'a-t-il pas dû arrêter momentanément les travaux ?

La création du port de Portstrein va attirer à Brest une foule d'ouvriers nouveaux.

Si les logements sont à peine suffisants aujourd'hui, qu'adviendra-t-il quand, avec moins de maisons appropriées, nous aurons à garantir une population infiniment plus considérable ?

Le propriétaire peut ne considérer que des revenus plus forts à percevoir, et applaudir, conséquemment, aux travaux qui sont en cours d'exécution ; le magistrat de la cité qui doit, lui, envisager les choses d'un point de vue plus élevé, qui a mission de calculer toutes les éventualités, ne saurait oublier qu'une démarche qui ne tendrait qu'à augmenter la misère du plus grand nombre, ne peut être accueillie et encouragée.

Il eût donc été plus sage de demander à employer une partie de l'argent que l'on va dépenser pour ce pont magnifique à la fondation de cités ouvrières municipales qui, affermées à des taux modérés, eussent assuré aux indigents, aux nécessiteux, un abri qu'ils ne trouveront plus nulle part, qu'en s'imposant des privations de toute nature.

La main qui s'est ouverte pour donner ne se serait point fermée, à coup sûr, si on l'avait sollicitée pour cette œuvre pie, et au lieu d'un pont dont le luxe jurera avec la mesquinerie de nos autres édifices municipaux, nous aurions pu avoir tout à la fois une voie facile et permanente entre les deux rives, et enrichir le pays d'une de ces fondations qui honorent ceux qui les ont provoquées et exécutées.

Est-on bien certain, d'ailleurs, nous ne dirons pas de la possibilité, mais de la durée du nouveau monument ?

Ce pont, s'élevant à une hauteur si grande, résistera-t-il bien aux grandes brises d'hiver, qui interdisent souvent tout batelage dans le port ?

Un pont était indispensable. On ne conçoit pas qu'on ne l'ait pas établi plus tôt. Mais un pont simple et solide était suffisant en attendant mieux.

Une fois Portstrein ouvert, une fois le chemin de fer

établi et Brest en voie de prospérité incontestable, on aurait pu lui donner toute la monumentalité désirable; mais quand l'avenir est douteux encore, quand toutes nos prévisions peuvent s'écrouler, s'évanouir comme des rêves, une construction aussi dispendieuse n'est-elle pas au moins prématurée ?

Le pont grandiose que l'on commence est venu avant son époque. Il pouvait être une conséquence, il ne peut être un principe.

XL.

Cette argumentation, il faut en convenir, ne laisse pas que d'être sérieuse.

On peut craindre que la municipalité ne se soit trop pressée de parfaire une œuvre utile, qu'elle n'ait sacrifié à un aveugle amour-propre de terroir des intérêts réels qui eussent dû être pris en considération.

Sans être imbu des idées de la nouvelle école socialiste, sans partager ce fanatisme que professent pour la population pauvre une foule d'intrigans qui l'exploitent, ne peut-on pas craindre, en effet, qu'on ne se soit trop peu préoccupé de la part qui doit lui être faite et qu'avec la pensée prétexte de lui épargner un impôt, on n'ait fait qu'accroître ses charges et augmenter sa misère?

Mais, en y réfléchissant bien, toutes ces préoccupations s'amoindrissent et s'effacent.

Tout le monde convient qu'un pont était indispensable d'urgence.

Pensait-on l'édifier sans lui faire place?

On savait donc bien d'avance qu'il faudrait abattre et démolir?

Il n'y avait donc plus qu'à se demander si les inconvénients inhérents à sa construction seraient compensés par les avantages qu'il peut produire.

Nous venons d'exposer les dangers prétendus qui s'attachent à son établissement, les reproches que l'on adresse à sa magnificence, voyons quels seront les bénéfices apportés par cette nouvelle voie de communication et si le luxe qu'on blâme est aussi condamnable qu'on le prétend.

Réfutation.

Le nouveau pont étendra les rapports entre Brest et Recouvrance, unira les deux fractions de la ville en une vie commune, les associera désormais d'une manière étroite et intime, permettra les transports faciles d'une rive à l'autre en cas de désordres, d'émeutes, d'attaque, le transport de secours dans les éventualités d'incendie, conduira par le contact dans les voies du progrès une population demeurée trop long-temps en arrière, fera enfin des deux fractions parfois dissidentes de la cité une ville homogène.

Il y aura donc au point de vue moral et matériel des avantages incontestables.

Si une partie des vieux quartiers se trouve condamnée à la démolition, faut-il donc tant s'en plaindre ?

N'ont-ils pas fait leur temps ?

L'heure n'est-elle pas venue de jeter bas ces masures décrépites, véritables sentines où vit dans un entassement déplorable une partie de la population, sans air et sans espace, exposée à tous les fléaux qui naissent de l'encombrement ?

Est-ce donc un mal que de la contraindre à se faire des habitudes plus salutaires à son développement et à sa durée ?

La première question, celle qui doit dominer toutes les autres dans les conseils municipaux, c'est celle de l'hygiène magistrale.

Tout intérêt disparaît devant celui de la salubrité.

Les municipalités n'ont pas seulement à administrer les deniers des communes, à les embellir, à accroître leurs revenus, elles ont surtout et avant tout à les sauvegarder des épidémies, à veiller avec une sollicitude incessante sur les populations pour qu'aucun fléau ne vienne les atteindre et les décimer.

La santé publique, le premier des biens, leur est confiée. Il ne faut donc pas qu'elles s'exposent à encourir le reproche de légèreté ou d'imprévoyance, et, quand il est démontré, par des faits regrettables, par des malheurs qui s'y sont produits, que telle ou telle localité de leur domaine a été et peut devenir encore un foyer d'infection et de pestilence, le plus saint, le plus sacré des ses devoirs c'est d'aviser, quoiqu'il en coûte, à la modifier, s'il est possible, ou à l'immoler, si cette mesure de rigueur devient nécessaire.

Les cités, pas plus que les hommes, ne doivent balancer à sacrifier une partie de leur tout pour garantir le reste ; c'est une loi de raison pour les individus comme pour les masses.

Qu'on se rappelle les terribles épidémies de 1832 et 1837, qu'on songe à celles que nous avons indiquées à une époque antérieure, et l'on ne pourra que se féliciter que soit intervenue une circonstance qui permet à la commune, en vue d'intérêts bien entendus, de se débarrasser enfin de ces cloaques toujours menaçants dans ses murs.

Brest deviendra infailliblement plus salubre quand, à la place de ces voies étroites, sinueuses et impures, s'établiront des rues plus spacieuses.

Au point de vue de l'utilité et de la santé publique, tout est donc justifiable dans les nouveaux travaux.

Le grandiose du pont, quoiqu'on en dise, ne jurera en aucune façon avec les bâtiments imposants du grand port dont il formera, pour ainsi dire, l'entrée. Il s'harmonisera, au contraire, avec les édifices d'un arsenal qui, par sa splendeur, comporte assurément l'aspect monumental qu'on tient à donner à la nouvelle construction.

Indépendamment du brillant avenir qui peut ultérieurement s'ouvrir pour Brest, il n'y a donc rien d'accusable, rien d'exagéré dans la création moderne.

Il ne reste plus des inconvénients signalés que celui

de laisser momentanément sans asile les nombreux artisans qui habitent aujourd'hui les bas quartiers.

Il serait grave, en effet, s'il était démontré; mais l'esprit de spéculation en bâtisses est vivace à Brest. Les terrains ne manquent pas autour de l'enceinte. A mesure que les vieilles maisons seront détruites, des maisons plus saines s'élèveront pour les remplacer dans des lieux mieux choisis.

Les entrepreneurs, sachant bien qu'ils n'ont pas à construire pour des locataires aisés ou riches, ne feront pas des édifices somptueux, mais bien des bâtiments appropriés, qu'il leur sera facile de rendre commodes, et qui ne pourront être qu'un placement avantageux, en raison même de la concurrence que se feront les nouveaux habitants.

D'un autre côté, quels que puissent être la force et le mauvais vouloir du vent, il nous paraît impossible qu'on ne parvienne pas à établir en toute sûreté, à Brest, un pont solide et durable, quand on a pu en faire un plus gigantesque encore à la Roche-Bernard, sur la Vilaine, qui n'est pas plus épargnée que la Penfeld par les grandes brises d'hiver.

En résumé, donc, Recouvrance progressera; Brest s'assainira, s'embellira, s'étendra.

L'ouvrier, s'il a, ce que je ne crois pas, un moment difficile à subir, bénéficiera, en définitive, d'un logement aussi peu dispendieux, plus aéré et plus commode.

Il nous paraît conséquemment impossible de ne pas accueillir le nouveau pont comme un bienfait.

XLI.

Port de commerce.

Si le pont n'a pas trouvé sans difficulté accueil à Brest, le nouveau port marchand excite des doléances plus vives encore.

Beaucoup de nos concitoyens s'étonnent d'une pareille entreprise. Beaucoup d'eux n'hésitent pas à dire qu'aspirer à une rivalité avec les ports de commerce de la Manche, c'est s'exposer bénévolement à une déception complète.

D'autres, enfin, trouvant Brest suffisamment doté de son port militaire, pensent tout haut qu'il n'est ni juste ni moral d'y créer une concurrence à des villes qui ne doivent leur aisance et leur prospérité qu'aux transactions commerciales.

Quoi qu'il en soit, la création du port de Portstrein est chose décidée.

On aura donc vraisemblablement, dans quelques années, un port de commerce à Brest.

Ce port sera clos par deux môles.

Le premier, de 1,400 mètres de longueur, enraciné à l'est contre les rochers de l'anse de Pollic-Allor, se terminera vers l'ouest par le travers de la pointe du château.

Le deuxième, de 145 mètres, partant de la grève de Portstrein, s'orientera parallèlement au sud-est.

La largeur de la passe ménagée entre les deux môles sera de 75 mètres.

La surface de tous les bassins sera de 26 hectares.

Il viendra dans le nouveau port des bâtiments en quantité plus ou moins grande, et la cité trouvera dans ce nouvel établissement une mine qu'elle exploitera pour le mieux de ses intérêts généraux.

Le port de guerre gagnera en espace; les vaisseaux de notre marine militaire ne souffriront plus de leur pêle-mêle avec les navires marchands; d'incontestables avantages naîtront de la disposition nouvelle : tout cela n'est point douteux.

Mais en toute chose il faut voir la fin. Le succès répondra-t-il à toutes les espérances?

Sans s'arrêter à toutes les considérations que font valoir contre le projet les détracteurs qu'il rencontre, il est au moins sage de calculer toutes chances bonnes ou mauvaises, et l'on ne peut se dissimuler que bien des obstacles seront à vaincre pour assurer à Brest l'avenir qu'on a rêvé pour lui.

Si l'on veut que le nouveau port rivalise avec les ports de la Manche, il faut qu'il soit aussi sûr, aussi commode qu'eux. Si l'on prétend qu'il les efface et les absorbe dans son importance, il faut qu'il leur soit supérieur en tout.

Portstrein peut-il espérer faire concurrence aux ports

de la Manche? Peut-il prétendre attirer à lui la plus grande partie ou seulement une forte fraction des bâtiments qui s'y rendent?

Si oui, sa création est une idée locale magnifique. C'est un surcroît de fortune pour la Bretagne; c'est l'opulence pour Brest.

Avant cinquante ans, Brest aura une population de 200,000 âmes; Brest s'étendra indéfiniment; Brest sera une des premières places commerciales maritimes, comme elle est le premier port de la France.

Transportons-nous donc en pensée à cette époque où Portstrein aura complété ses travaux, et étudions comparativement le Havre-de-Grâce et le nouveau port marchand de la Bretagne, à l'instant de s'ouvrir.

Nous voici en 1770.

Le Havre a des maisons opulentes, connues, sûres, accoutumées au maniement des affaires avec tous les commerçants du globe.

Le Havre est riche d'un immense matériel.

Le Havre est franchement, purement, exclusivement une place de commerce; le haut négoce y trône, y domine, y est roi.

Le Havre est depuis long-temps le port le plus fréquenté de la Manche.

Le Havre alimente en partie Paris, dont elle n'est distante que de 164 kilomètres, par ses voies ferrées, par sa rivière, qui est aussi celle de la capitale et qui crée entre ces deux cités une sorte de lien de famille.

Le Havre est presque un faubourg de Paris. Ce sont les mêmes mœurs, les mêmes habitudes; on ne distingue pas un Havrais d'un Parisien; ce sont les mêmes allures, les mêmes traditions.

Le Havre est un enfant de la capitale; le temps a consacré entre ces deux cités des liens qui tiennent de la consanguinité, de l'habitude, d'intérêts poursuivis en commun, et qui ne se rompront que sous l'influence de circonstances spéciales, extrêmes, difficiles à créer.

Portstrein débute. Portstrein est conséquemment sans passé, n'ayant qu'un présent douteux, qu'un avenir sans garantie.

Portstrein est à l'essai; personne ne sait encore, à l'usé, quelle est sa sûreté; personne ne peut assurer que ses bassins sont des abris suffisants pour les navires; chacun ignore quelle influence bonne ou mauvaise peut avoir son climat sur les denrées, sur les marchandises.

Portstrein est un nouveau-venu qu'on ne peut, qu'on ne doit admettre que lorsqu'il aura fait ses preuves.

Porstrein n'est pas de la grande famille des ports de commerce.

Portstrein est une espèce d'étranger qui vit loin des grands centres, qui n'a pas leurs habitudes, leurs manières, leurs mœurs.

Portstrein est un pays de brumes parfois épaisses et compactes. N'y entre pas qui veut. Il faut souvent attendre bien des longs jours, alors même que le vent est favorable, aux abords de Ouessant, le moment opportun pour donner dans les passes.

Bien des pratiques aguerries n'ont pas osé, n'osent pas, n'oseront pas, avec les brouillards si denses qui couvrent souvent, comme d'un manteau noir, ciel, mer et rivages, s'aventurer dans un chemin semé d'écueils et que n'éclairent plus les phares de la côte, impuissants à percer la brume.

Le port de Portstrein sera-t-il plus commode, plus sûr que celui du Havre ?

Les périls que peut présenter celui-ci, au point de vue de l'incendie, seront-ils moindres dans celui-là ?

Ne faudra-t-il pas souvent attendre des mois entiers à Brest, durant le printemps, l'automne et l'hiver, les vents d'amont, sans lesquels on ne peut franchir le Goulet ?

En admettant, d'ailleurs, les inconvénients et les avantages égaux de part et d'autre, il restera toujours, en définitive, au Havre, la sanction du temps, l'habitude, la moindre distance des grands centres, la Seine, cette grande voie si commode et si facile, et avant tout, cet avantage immense, dont on ne semble pas assez se préoccuper, d'être une cité exclusivement commerciale, où les négociants n'auront pas à lutter contre les envahissements, les exigences, les susceptibilités d'une imposante marine militaire, habituée à voir dans Brest son bien, sa chose, et jalouse de tout ce qui tendrait à la lui disputer.

Portstrein sera donc, en résumé, moins favorisée que sa rivale.

Il est, conséquemment, à craindre qu'on ne se fasse illusion sur l'avenir qui lui est réservé.

C'est ainsi, sans doute, qu'argumenteront les antagonistes du nouveau port.

Nous n'essayons pas, on le voit, de dissimuler aucune des prétendues supériorités qu'ils pourront faire valoir en faveur du Havre. Il n'est pas une des considérations sur lesquelles s'appuient ses partisans que nous passions sous silence.

Nous n'hésitons pas, cependant, à penser et à dire qu'aucune d'elles ne nous semble avoir suffisamment de portée pour qu'on puisse, pour qu'on doive un seul instant songer à suspendre ou plutôt à ajourner l'exécution du projet.

XLII.

S'il semble d'abord qu'il n'y a rien à répondre à cette série d'objections, la réflexion démontre bientôt qu'elles n'ont pas la valeur qu'on leur prête.

L'intérêt légitime que l'on porte au Havre doit-il faire taire celui qu'a droit d'inspirer Brest ?

Une concurrence n'est pas un crime.

En admettant que cette concurrence devienne sérieuse, et qu'une partie des bénéfices de la première de ces cités soient plus tard répartis entre elle et Portstrein, où sera le mal ?

Faut-il que le Havre ait le privilége exclusif des affaires lucratives, et l'avantage qu'a Brest d'être le premier port de guerre de la France peut-il être mis en comparaison avec tous ceux que possède le Havre ?

Les monopoles sont contraires à l'équité. Il n'y a donc pas à réfuter plus longuement l'un des principaux arguments sur lesquels on s'appuie, pour combattre le projet.

Il y a, au point de vue moral et politique, autant de raisons qu'on peut invoquer en faveur de Brest, qu'il peut y en avoir en faveur du Havre.

C'est donc au commerce lui seul qu'il appartiendra de juger entre les deux rivaux.

Auquel des deux donnera-t-il la préférence ?

Sans doute l'avantage que possède le Havre dans son antériorité est quelque chose.

Ses richesses acquises, son voisinage des grands centres, sa position à l'embouchure de la Seine, ses relations bien établies avec la capitale, ses rapports avec tout l'Univers commerçant, consacrés par l'habitude, sont autant de faits capitaux qui paraissent devoir faire incliner de son côté le plateau de la balance. Mais tout n'est pas là.

D'ailleurs, ces richesses dont elle se fait gloire, la volonté peut les créer à Brest en quelques années.

Ses relations commerciales, ses bons rapports avec toutes les régions du globe sont nécessairement dépendants des sûretés qu'elle offre, des garanties relatives qu'elle peut donner.

Viennent des sûretés plus grandes, des garanties meilleures, et les nœuds qu'a formés l'habitude se rompront pour d'autres qu'établira l'intérêt.

Il est une question qui domine toutes les opérations du négoce : où est la plus grande chance des bénéfices probables ?

Si donc on parvient à démontrer que Portstrein présente au commerce maritime plus de titres à la confiance, le problême si près actuellement d'être résolu à l'avantage de sa rivale va l'être définitivement au sien.

Que peuvent demander les spéculateurs ?

Proximité des lieux d'échange, abord facile de ces lieux, sûreté pour leurs vaisseaux, écoulement prompt de leurs denrées et de leurs marchandises.

Du moment qu'une localité quelconque, en présentant réunis tous ces éléments de succès, donnera en même temps toutes les chances de bénéfice que peut offrir telle ou telle autre localité, il ne peut plus y avoir de doute sur le choix qui sera fait de l'une ou de l'autre.

Or, est-il donc si difficile de prouver que, sous le rapport de la proximité, de l'abord facile, de la sûreté, de l'écoulement, Portstrein l'emportera infiniment sur le Havre ?

Je ne le crois pas.

Proximité.

Portstrein est de vingt-quatre heures plus près que le Havre en venant de la haute-mer.

Toutes les provenances coloniales seront donc, toutes chances égales d'ailleurs, plutôt introduites en France par Portstrein que par le Havre.

Abord facile.

Si les brumes peuvent empêcher parfois d'attérir sur nos côtes, ne régnent-elles pas plus épaisses encore dans la Manche?

Si nos passes sont un chemin semé d'écueils, le Havre n'est-il donc pas dans une mer dure, rude, tempétueuse, pleine de rescifs?

Où se perd-il le plus de navires?

Le Havre est un port de marée devant lequel il faut trop souvent attendre en perdition, durant les tempêtes d'hiver, alors même qu'on est favorisé par les vents.

A Portstrein entrera qui voudra, sans jamais attendre, dès que la brise sera favorable.

Qu'on prétende qu'il faudra fréquemment demeurer des mois entiers à Brest avant d'en sortir, c'est un argument sans valeur et sans portée. Les bateaux à vapeur chargés de la remorque conduiront plus aisément les navires hors du Goulet et des passes, qu'ils ne peuvent les aider à sortir du Havre.

Sûreté.

Le Havre, encombrée parfois, n'a de place à donner qu'après de longs jours de démarches.

Le Havre est insuffisante à contenir tous les navires qui s'y rendent.

Ses bassins sont trop resserrés, les bâtiments y sont

froissés outre mesure. Ils y sont exposés à une foule d'avaries, à une foule de périls auxquels ils n'échappent que par miracle.

A supposer que le port de Portstrein proprement dit se trouvât accidentellement encombré, la rade de Brest, cet autre port non moins sûr, n'est-elle pas apte à recevoir, s'il le faut, des milliers de bâtiments aussi garantis sur des corps-morts qu'ils pourraient l'être dans un bassin, sauf les jours de tempêtes?

Si un incendie se déclarait dans le port du Havre, qu'adviendrait-il de tous les vaisseaux qui s'y entassent, des magasins, de la ville elle-même?

A Portstrein, si un pareil sinistre arrivait, la rade n'est-elle pas encore là, comme un refuge ouvert à tous?

Au point de vue de la proximité, de l'abord, de la sûreté, Portstrein l'emportera donc manifestement sur le Havre.

Ecoulement.

Pourquoi les denrées et les marchandises ne s'écouleraient-elles pas aussi aisément en Bretagne qu'en Normandie?

Le chemin de fer ne sera-t-il pas là, qui annulera les distances?

Peut-on supposer que les provinces de l'intérieur ne s'approvisionneront pas de sucre, de café, de morue, parce qu'il faudra les demander à Portstrein, au lieu de les demander à Saint-Malo, à Granville ou au Havre?

Il est donc permis de croire que si Portstrein ne peut avoir la prétention d'effacer sa rivale, il peut du moins lui faire une juste concurrence, et cela suffit : il y a place pour tous deux au soleil.

L'argument que l'on fait valoir du malaise qui naîtra au contact de la marine marchande avec la marine militaire n'est sérieux qu'au premier abord.

Si quelques froissements interviennent au début, un mutuel besoin d'échanges et d'assistance ne tardera pas à les étouffer, et la bonne harmonie renaîtra bientôt entre les deux marines, qui ne sont peut-être si divisées aujourd'hui que parce qu'elles vivent trop isolées l'une de l'autre.

LXIII.

Je viens de vous faire connaître l'opposition d'une fraction de nos habitants au nouveau pont que l'on construit, au port prochain qui va s'ouvrir; mais, quelque vive qu'elle soit, elle n'approche pas de celle qui se manifeste, à propos du chemin de fer.

Si les journaux étaient d'un accès plus facile, si, comme autrefois, il était permis de s'y produire avec cette liberté qu'on a eu raison d'enchaîner, parce qu'elle se transformait trop souvent en licence, il n'y aurait pas eu assez de papier dans nos feuilles locales pour donner place à toutes les appréhensions du moment.

Aujourd'hui encore, quelques-uns de nos esprits les plus sérieux semblent frappés d'effroi.

Les petites fortunes sont en alarme : nos marins, les militaires de la garnison, tout ce qui est à la solde de l'Etat ne voit qu'avec inquiétude la nouvelle voie ferrée qui va s'ouvrir.

Si l'on parvient quelquefois, à grand'peine, à faire revenir certains d'entre eux à des opinions moins hostiles au projet, il en est beaucoup, et des plus éclairés, que rien ne persuade, et qui demeurent convaincus que les chemins de fer dont on couvre la France ne lui donneront en définitive qu'une prospérité éphémère, mal poudrée, fictive, que l'on paiera tôt ou tard par le désordre ou la ruine.

Ce n'est pas d'aujourd'hui, d'ailleurs, que les partisans des embranchements trop multipliés ont trouvé des antagonistes. Beaucoup de gens instruits, habiles, se montrent plus que froids pour le réseau dont on charge le territoire, et nous ne serions pas surpris qu'une tentative de réaction morale ne se fît bientôt contre l'engouement, à peu près général, dont l'Europe semble possédée.

Nous ne partageons pas les terreurs de quelques-uns de nos concitoyens.

Nous ne cacherons pas cependant que, parmi les arguments dont ils se servent, il en est qui seraient graves, s'il était permis un seul instant d'admettre que le Gouvernement éclairé qui nous régit n'a pas vu le danger par avance et arrêté déjà les mesures propres à le conjurer.

Ces arguments, nous allons les faire passer sous vos yeux. Ils se sont exposés dans une conversation toute récente avec l'un de nos Brestois les plus honorables, les plus spirituels et les plus judicieux.

Chemin de Fer.

LE BRESTOIS.

Quelle prodigieuse invention que celle des chemins de fer!

Par eux, tout s'unit, se condense, s'assimile; avec eux, les distances disparaissent, les populations se fondent. Quand la terre en sera couverte, il n'y aura plus de Français, d'Allemands, d'Espagnols, de Russes, de Prussiens, il n'y aura plus que des continentaux et des insulaires.

Le chemin de fer, c'est le retour à l'âge d'or; la voie ferrée, c'est le grand pacificateur du monde, c'est la béatitude matérielle et morale au milieu du calme et de l'abondance!

Tout cela est magnifique en apparence, j'en conviens, mais voyez ce qui est déjà arrivé.

Une portion du sol est enlevée à la culture; les fermes sont abandonnées; les agriculteurs quittent les champs pour les villes.

A mesure que l'hydre de fer étend ses bras, elle

appelle à elle des populations tout entières ; les abords des voies ferrées sont garnis d'établissements où s'entassent des spéculateurs nouveaux de toute sorte.

La France court risque de ne produire plus bientôt le blé nécessaire à sa subsistance. Que la guerre vienne interrompre les communications, la disette, la famine nous prendront à la gorge et nous mourrons de faim sur des monceaux d'or qu'on n'a pas encore trouvé le secret de rendre potable et alimentaire.

Les réseaux trop étendus des chemins de fer sont, à mon sens, préjudiciables sous tous les rapports : au point de vue politique, au point de vue de la répartition des fortunes, au point de vue de la salubrité.

Au point de vue politique, s'ils permettent d'accumuler sur un point donné les forces nécessaires à la répression d'actes dangereux, d'émeutes menaçantes, ils favorisent également les agglomérations de révoltés.

Entre deux partis en lutte, la victoire est désormais assurée à celui qui s'en emparera le premier.

S'ils peuvent favoriser la transmission, l'implantation des idées d'ordre, ils peuvent aider également au développement des doctrines incendiaires.

Au point de vue de la répartition désirable des habitants entre les diverses localités, ils détruisent l'équilibre nécessaire en attirant sur leur parcours des masses exhubérantes qu'ils soustraient aux terrains qu'elles devaient féconder, de sorte qu'il y a ici excès, là insuffisance, et partout malaise et gêne.

Avant un siècle, la terre, couverte de cités populeuses, n'aura plus de jardins, plus de sol d'ensemencement proportionnel, plus de récoltes suffisantes. Ici seront des déserts et là des multitudes entassées.

Au point de vue de la salubrité, — est-il possible de ne pas prévoir et deviner les désordres qui naîtront de l'encombrement parmi des populations tassées, pour ainsi dire, les unes sur les autres, dans des milieux de plus en plus délétères.

Les voies ferrées, sans mesure, s'il faut en quelques mots dire toute ma pensée, c'est l'acheminement à la destruction des lois naturelles et conservatrices de l'espèce, c'est la route qui conduit à la fin du monde.

Avant long-temps, si les mêmes errements se continuent, les champs succomberont à la faim, les villes périront par pléthore.

Mais, en outre des inconvénients, des dangers généraux qui s'attachent à la trop grande multiplicité des voïes ferrées, elles présentent encore dans quelques localités des périls dont il importe au législateur de tenir compte.

A entendre certains enthousiastes, le chemin de fer de l'Ouest, de Paris à Brest, c'est la civilisation, c'est la richesse assurée pour le Maine, pour l'Anjou, pour la Bretagne.

Avec le chemin de fer, l'or des voyageurs va se répandre dans les hameaux; les villages vont devenir des bourgs, les bourgs de petites cités, les petites cités de grandes villes.

Le commerce va partout fleurir et prospérer.

J'admets qu'il en soit ainsi. Mais le négoce et l'industrie ne sont pas tout en France.

Notre pays ne peut pas être exclusivement industriel et commercial.

La France a besoin d'une armée considérable, d'une marine nombreuse, d'une foule de fonctionnaires, d'employés, d'agents.

La France ne peut pas faire des villes industrielles et commerçantes de toutes ses cités.

La France, en un mot, ne peut pas tout sacrifier en vue des intérêts du négoce, il faut qu'elle répartisse également ses faveurs entre tous ses enfants.

Or, ce chemin de fer, si ardemment sollicité, si impatiemment attendu à Brest par les spéculateurs, donnera-t-il satisfaction aux besoins de l'immense majorité de sa population?

En d'autres termes, est-ce bien un avantage pour Brest que cette voie ferrée qui va la relier à Paris?

Brest est une ville de fonctionnaires, de salariés vivant pour la plupart au jour le jour. Ce nouveau milieu de luxe dans lequel il va lui falloir vivre, comment va-t-elle s'y orienter?

Avec ses besoins croissants, ses moyens d'existence vont-ils s'accroître?

La vie va devenir énormément chère à Brest, parce que les denrées locales ayant un parfum d'étrangeté, vont être nécessairement accueillies avec prime dans tous les grands centres.

Tous les spéculateurs font faire des razzias pour l'exportation en leur faveur, et ce qui ne coûtait qu'un franc en 1845 va coûter cinq francs en 1860.

Les loyers, si lourds déjà, vont devenir écrasants,

jusqu'à ce que de nouvelles maisons viennent faire concurrence à celles qui existent, et encore peut-on espérer naïvement que les nouvelles constructions s'ouvriront aux locataires à des conditions meilleures? Non. Pour justifier leurs prétentions, les nouveaux propriétaires n'édifieront que des maisons de luxe, et, comme on ne peut pas coucher dans la rue, sous un ciel comme celui de la Bretagne, comme le lazzaronisme est défendu à des fonctionnaires qui ceignent l'épée, il faudra bien, bon gré, malgré, qu'ils se logent, dussent-ils dépenser pour se mettre à couvert la moitié ou les deux tiers de leur solde.

Tout augmentera donc de prix. Or, là où les besoins augmentent, quand les revenus n'augmentent pas, qu'arrive-t-il? La gêne, l'impossibilité, la misère.

Tout ce qui fait le commerce, tout ce qui vit d'échanges, tout ce qui est propriétaire prospérera ou pourra prospérer;

Tout ce qui est à solde fixe et calculée sur des nécessités, qui déjà ne sont plus les mêmes et qui ne feront que s'accroître, souffrira, patira et n'aura en perspective qu'un avenir d'incessantes privations.

Donc, de deux choses l'une : ou l'état mettra à Brest, dans les villes de guerre, dans les ports, partout, la solde des officiers en rapport avec leurs dépenses obligatoires, avec le rang qui leur appartient et qu'ils doivent avoir dans le monde, sous peine de déconsidération, ou bien on ne trouvera plus, dès la prochaine génération, un seul individu qui consente, au prix d'une épaulette ou d'un habit brodé, à entrer dans les fonctions publiques. Tout le monde, inintelligent ou capable, ignorant ou instruit, préférera sacrifier son orgueil à son bien-être et il n'y aura plus, pour composer les armées et les flottes, que le rebut de toutes les carrières professionnelles.

Il faut que tout se fasse contre-poids dans un Etat bien ordonné. Le commerce, l'industrie, la propriété, ne peuvent avoir tous les priviléges.

A eux la richesse, le superflu, si l'on veut, mais aux autres au moins le nécessaire.

Dès que le chemin de fer reliera Brest à la capitale, l'Etat aura donc à s'imposer de nouveaux sacrifices; le pourra-t-il ?

Le chemin de fer ne pourra donc être momentanément de quelque avantage pour Brest qu'aux conditions que je viens de dire.

Si l'Etat ne veut ou ne peut y accéder, en portant bénéfice aux spéculateurs, aux propriétaires, il accroîtra le malaise du plus grand nombre des habitants; en favorisant une fraction, il nuira à la masse.

LETTRE XLIV.

L'auteur.

J'apprécie vos appréhensions, mais puisque vous regardez le port de commerce comme une création utile, vous devez vouloir le favoriser.

A une ville commerciale, il faut des débouchés nombreux et rapides : le chemin de fer est donc une conséquence nécessaire, indispensable du port.

Vous ne pouvez nier que les voies ferrées sont des agents essentiels de civilisation.

Vous ne pouvez nier que la Bretagne est de toutes les provinces de la France la plus arriérée en agriculture générale, la plus reculée en industrie.

Vous ne pouvez contester que la fertilité de son sol est insuffisamment exploitée; qu'elle peut produire infiniment plus qu'elle ne donne; que des landes immenses la couvrent encore; que des jachères sans raison laissent inféconde une vaste portion de sa surface; que les méthodes de nos paysans sont absurdes; que leur pauvreté relative est effrayante; que leur vie habituelle enfin, c'est moins celle de l'homme que celle de la brute.

Vous ne pouvez nier que l'Etat a intérêt à répandre la lumière là où règnent les ténèbres dangereuses.

Si la Vendée s'est soulevée toute entière à une autre époque, n'est-ce point à l'ignorance abusée de ses habitants qu'a été due l'insurrection ?

Si la Bretagne n'est pas encore la France, si elle vit en dehors des intérêts communs, si elle s'isole, si elle ne fait pas partie du grand tout qui constitue le royaume, cet isolement ne va-t-il pas cesser au contact d'une civilisation plus avancée?

Il n'y aura plus de révolte partielle, plus de chouannerie possible, et tant que l'armée sera dévouée, toute émeute durable est désormais inadmissible.

Si avant un siècle la terre est couverte, sur le parcours des rails, de cités populeuses, l'encombrement n'aura qu'un temps, à supposer qu'il advienne, car là où il n'y aura plus les éléments d'une vie facile, suffisante, le vide par émigration ne tardera pas à se faire et l'équilibre prescrit par l'intérêt ne tardera pas à s'établir.

Les champs ne seront pas d'ailleurs abandonnés, parce que l'or seul ne fait pas vivre, et qu'il y aura bientôt des spéculateurs agricoles comme il y aura des spéculateurs industriels.

Il y aura tout au plus échange de lieux entre les populations, mais il n'y aura désert nulle part.

Qu'importe l'augmentation du prix des denrées, si elle n'a lieu qu'en raison des bénéfices industriels ? Qui gagne davantage peut payer plus cher.

Vous ne pouvez pas admettre que les impôts ne devront pas s'accroître en raison de la fortune publique.

Vous ne pouvez pas sérieusement penser qu'il y aura injustice de la part de l'Etat à les établir toujours d'après l'avoir de chacun.

Si donc les spéculateurs augmentent leurs revenus, ils devront contribuer à l'acquittement des charges communes en proportion de leurs richesses.

Le Gouvernement, percevant davantage, pourra, devra nécessairement ajouter au bien-être de ceux qui le servent dans les fonctions publiques, dans les armées, sur les flottes.

En définitive, tout se combinera donc de manière que, s'il y a lucre pour quelques-uns, il n'y aura préjudice réel et durable pour personne.

Peut-être y aura-t-il crise momentanée : mais citez-moi un progrès qui se fasse sans secousse?

Les machines employées par l'industrie ont momentanément laissé sans emploi actuel une foule d'ouvriers, mais tous n'ont-ils pas bientôt trouvé, dans cette industrie même, de nouveaux moyens d'existence?

Le Gouvernement sait aussi bien que nous qu'il lui faut être autre chose qu'un vaste comptoir ou qu'une immense usine; il sait pertinemment que les hommes chargés de sa défense, de l'exécution de ses ordres, ont besoin d'être considérés, et qu'il doit veiller à ce que leurs services soient encouragés et rémunérés en raison de leur importance et de leur dévoûment.

Il faut admettre qu'il a les yeux ouverts, qu'il est prévoyant, qu'il est sage; qu'il ne permet, conséquemment, rien dont il n'ait calculé la portée.

Quand toutes les villes frontières sont reliées à la capitale, dans l'intérêt bien entendu de la défense du territoire, pour qu'une pensée commune les domine et les dirige en tout temps, Brest ne pouvait faire exception, en raison même de son importance.

Mais, dès qu'un port s'ouvrait à Portstrein, la voie ferrée devenait une obligation plus vitale encore.

Aucun homme de sens, je ne crains pas de le dire, à moins qu'il ne soit tout-à-coup frappé de cécité morale, ne saurait accueillir sans enthousiasme le large et brillant horizon qui s'ouvre pour le pays.

Aucun homme sérieux ne peut admettre que les inconvénients qui sont inhérents à toute création, n'aient pas été prévus et conjurés à l'avance par l'homme si éminent auquel sont confiées nos destinées; laissons donc notre ville natale, *alma mater*, marcher au progrès sous la main qui la guide.

Le Gouvernement de l'Empereur a donné à la France trop de témoignages de sa sagesse et de sa sollicitude pour qu'il nous soit permis de concevoir le moindre doute à son endroit.

Voilà mon œuvre terminée. D'autres mieux informés corrigeront les erreurs qui ont pu s'y glisser.

Pardonnez-moi, mon ami, d'avoir si longuement usé de votre bienveillance. Quand vous serez à Brest, j'essaierai de vous faire oublier à force d'affection les ennuis que j'ai pu vous donner.

Voici quelques détails statistiques des plus intéressants que nous empruntons textuellement à l'excellent compte-moral que vient de publier le maire de Brest à l'ouverture de la session de mai 1857.

La population communale proprement dite s'élève à 41,512 habitants, qui occupent 2,508 maisons.

Ces maisons renferment 12,522 ménages.

Il y a eu en 1856 : 1,585 naissances.
2,720 décès (guerre de Crimée).
408 mariages.

L'instruction publique compte actuellement treize institutions, qui sont :

Le lycée.
L'école supérieure.
L'école de la Doctrine chrétienne.
L'école du Mont-Louet.
L'école de Recouvrance.
L'école de l'Hospice civil.
L'école des sœurs de la Providence.
L'école des sœurs de Saint-Joseph.
L'école de Mlle Lafosse.
Les Salles d'asile.
Le cours des adultes.
Le cours de dessin.
Le cours de musique.

Brest renferme dans son sein neuf associations pieuses; ce sont :

Le Refuge.
L'Ouvroir.
L'asile des vieillards.
La Société de St-Vincent-de-Paul (hommes).
La Société de St-Vincent-de-Paul (femmes).
Le Société de St-François-Regis.
La Société du Bon-Pasteur.
L'OEuvre et l'Adolescence.
L'asile de Poul-ar-Bachet.

Il y a à Brest :

51 membres du clergé régulier de tous les cultes.
48 membres du clergé séculier.
60 magistrats des tribunaux de tous les degrés.
28 avocats.
55 officiers ministériels.
109 médecins et chirurgiens.
56 pharmaciens et herboristes.
14 sages-femmes.
6 dentistes.
510 directeurs, professeurs, régents, maîtres et économes.
5 savants et hommes de lettres n'appartenant pas à l'enseignement.
7,894 dignitaires, fonctionnaires, employés, agents dans les administrations publiques.
1,176 employés dans les administrations privées.

Brest compte :

Dans l'armée de terre, en France.... 2,008 individus.
Dans l'armée de mer, en France.... 8,240
Dans l'armée de mer, hors de France. 4,319

Il est annuellement importé à Brest une valeur d'environ.............................. 248,000 fr.
par les navires du long-cours français.

Une valeur d'environ................ 800,000
par les navires étrangers.

Brest exporte annuellement une valeur d'environ........................... 270,000

Nous croyons convenable de compléter les détails que nous avons donnés sur l'année 1794 par les noms des magistrats et des jurés composant le tribunal révolutionnaire et par la liste nominative des victimes de la Terreur.

Le tribunal révolutionnaire, institué par le représentant Leignelot, le 17 pluviôse an II, fut d'abord formé ainsi qu'il suit :

Goyrand, juge au tribunal de Rochefort, président.
Lignières, greffier au même tribunal, juge.
Le Bars fils, juge.
Hugues, accusateur public.

Grand-Jean, substitut, faisant provisoirement fonction de président.
Dagot, de Rennes, greffier.
Quémeuc fils, commis-greffier et greffier provisoire.

Jurés provisoires :

Despujols, lieutenant de vaisseau.
Gautier, capitaine de vaisseau.
Durand, municipal.
Combas, sergent-major de l'armée révolutionnaire.
Desrues, caporal de l'armée révolutionnaire.
Blot, calfat.
Martin, lieutenant de marine, infanterie.
Brandin, marchand.
Allegot, menuisier du port.

Liste des condamnés du 24 ventôse au 24 thermidor, en 1794.

Mort.		
Le Coz.	Piton.	Kergariou.
Le Gouy.	Hypolitte.	Brichet.
Drevès (Jean).	Branellec.	Aimez.
Bocchen (Françoise).	Levée.	Morvan.
Priniot.	Algan.	Le Guillier.
Pichot.	Croy.	Doucin.
Abasque.	Rolland.	Bergevin.

Mort.

Dubois.	Raby.	Bougeard.
Expilly.	Guillier (Urbain).	Mingant.
Herpen.	Kerébel.	Mével, capucin.
Merienne.	Coatanscourt (Fois).	Ve Le Saulx.
Malmanche.	Coatanscourt (Suzne).	Demaret le Coant.
Baniat.	Clech (Augustine).	Forsan (Emilie).
Le Pennec.	Chef du Bois.	Jago, religieuse.
Le Thou.	Rigaud (Marie).	Moreau, père du général.
Deniel.	Rivière.	Jascobe-Kerjégu.
Monlin.	Le Bronsort.	Malescot-Kerangouez
Legac.	Toullec.	Belval.
Piclet.	Rideau.	
Le Denmat.	Grard.	

Fers.

Bury.	Cadiou.	Morvan.
Le Silvain.		

Déportation.

Nédélec.	Ve Lequen.	Le Roux.
Kerléan père.	Jézéquel.	Dejean.
Kerléan fils.	Penguily.	Thomas.

Détention.

Drevès (Pierre).	Prigent (Pierre).	Ve Grainville.
Le Roux (Yves).	Gilibart (Louise).	Ve Duparc.
Havar.	Nado.	Fme Le Bourg.
Cornec.	Bochat.	Jago (Marie).
Sivinian.	Ve Thepault-Dubreignon.	Jago (Yvonne).
Daniel.	Ve La Reignière.	Magniant.
Laimé.		Binard jeune.

TABLE DES MATIÈRES.

Brest-Cité.

Brest-Port.

Brest-Rade.

Brest de nos jours.

Avenir de Brest.

IMPRIMERIE MARTEVILLE. — OBERTHUR, SUCCESSEUR.

www.ingramcontent.com/pod-product-compliance
Ingram Content Group UK Ltd.
Pitfield, Milton Keynes, MK11 3LW, UK
UKHW031048260726
13965UKWH00006B/789

9 782013 044912